위험한 법철학

상식에 대항하는 사고 수업

위험한 법철학

상식에 대항하는 사고 수업

ⓒ 들녘 2020

초판 1쇄   2020년 12월 15일

초판 4쇄   2024년 4월 30일

지은이   스미요시 마사미
옮긴이   책/사/소

출판책임   박성규
편집주간   선우미정
기획이사   이지윤
편집   이동하·이수연·김혜민
디자인   하민우·고유단
마케팅   전병우
경영지원   김은주·나수정
제작관리   구법모
물류관리   엄철용

펴낸이   이정원
펴낸곳   도서출판 들녘
등록일자   1987년 12월 12일
등록번호   10-156

주소   경기도 파주시 회동길 198
전화   031-955-7374 (대표)
       031-955-7381 (편집)
팩스   031-955-7393
이메일   dulnyouk@dulnyouk.co.kr

ISBN   979-11-5925-591-5 (03300)

이 도서의 국립중앙도서관 출판예정도서목록(CIP)은 서지정보유통지원시스템 홈페이지
(http://seoji.nl.go.kr)와 국가자료공동목록시스템(http://www.nl.go.kr/kolisnet)에서 이용하실 수 있습니다.

값은 뒤표지에 있습니다. 잘못된 책은 구입하신 곳에서 바꿔드립니다.

위험한 법철학

상식에 대항하는 사고 수업

스미요시 마사미(住吉雅美) 지음
책/사/소(책과 사회의 소통을 생각하는 모임) 옮김

들녘

권위와 싸우는 철학자 디오게네스와의 만남

공부하고 싶지 않다. 일하고 싶지 않다. 결혼하고 싶지 않다. 아이를 기르고 싶지 않다. 그렇지만 즐겁게 살고 싶다.

철들 무렵부터 그렇게 생각했던 나는, 지금 생각하면 분수를 몰랐다고 해야겠지만, 사실은 여배우가 되고 싶었다. 〈태양을 향해 짖어라!〉*의 야마 씨(나나마가리서[七曲署]의 야마무라 세이이치[山村精一] 형사)가 너무 좋아서 시체 역이라도 좋으니 꼭 출연해봤으면 했다. 그러나 신주쿠에 야오이쵸(矢追町)라는 쵸(町)**가 실재한다고 생각했을 만큼 촌뜨기였던 나는 느닷없는 예능의 길을 목표

---

* 〈太陽にほえろ!〉. 1972년 7월부터 1986년 11월까지 일본의 닛테레에서 방영된 형사 드라마. 나나마가리서(七曲署)라는 경찰서나 야오이쵸(矢追町)라는 지명은 모두 가공의 명칭이다.
** 한국의 읍이나 동에 해당하는 행정단위.

하긴 했지만 그 일로 먹고살 리가 없었다. 그래서 "법학부를 나오면 가외로 다른 일도 할 수 있다."는 상투적인 말에 편승하여, 일단은 끔찍이도 싫어하는 법률을 배우는 학부에 들어가기로 했다.

어차피 법학부란 법률이나 판례를 잔뜩 채워놓은 것이라 생각했는데, 그중에 '법철학'이라는 듣도 보도 못한 과목을 발견하고 흥미를 가졌다. 특히 '철학'이라는 말에 움찔 반응했다. 그도 그럴 것이, 나는 본래 철학이나 사상 책을 좋아해서 고교 시절에 데카르트, 칸트, 마르크스 등을 조금 읽어보았기 때문이다.

철학자 중에는 재미있는 인물들이 많지만, 그중에서도 운명의 만남은 디오게네스(Diogenes: BC 400?-BC 323)였다. 기원전 4세기 그리스 아테네에서 활약한 키니코스 학파(Cynics, 견유파)의 대표적인 인물이다.

견유파란 개를 모범 삼아 살라고 말하는 철학 학파다. 왜 개가 위대한가 하면, 권력자를 향해 짖고, 요인(要人)에게 달려들어 물고, 자연에 충실하기 때문이라는 것이다. 디오게네스 자신도 푸대옷을 입고 지팡이를 들고 나무통에서 숙박하는 등, 자족의 생활을 했다.

가장 마음에 들었던 것은, 나무통 안에서 햇볕 쬐기를 하고 있던 중 알렉산드로스 대왕이 그곳을 들여다보자 "나의 일광욕을 방해 말라."고 말했던 대목이다. 알렉산드로스 대왕 하면 당시 마케도니아 왕국을 지배하고 있던 엄청 신분이 높은 사람이다. 보통 사람 같으면 "하, 영광이옵니다." 하고 땅바닥에 이마를 대고 조아릴 그런 인물인데, 그 권위를 안중에도 두지 않고 자신의 행복을 최우선하는 삶의 방식에 몹시 공감했다.

그것과 또 하나 마음에 든 그의 에피소드. 그는 위폐를 만들었다는 이유로 국외로 추방당했다. 왜 그런 짓을 했는가 하니, 신으로부터 "나라 안에 통용되고 있는 것(관습, 도덕, 제도 등)을 바꿔라."라는 고지(告知)를 받았기 때문이라고 한다. 고지는 환청이었을지 모르지만, 이 내용이 철학의 중요한 과제라는 생각에 내 가슴은 뛰었다.

우리를 지배하는 권력, 어느샌가 우리를 속박하고 있는 상식이나 습관 그리고 법률과 싸우고 싶다. 그런 생각이 들자, 싸울 상대인 법률에 대한 공부 의욕이 급작스럽게 내 안에서 끓어올랐다. 이후, 전에 없을 만큼 열심히 강의에 출석했다.

더구나, 나는 고교 시절에 섹스 피스톨즈(Sex Postols)의 왕팬으로, 그중에서도 '아나키 인 더 유케이(Anarchy in the UK)'라는 곡이 앤썸(anthem)*이었다. 아나키, 즉 '통치의 부재'라는 발상에 흥

---

* 특정 집단의 상징으로서 찬가. 축하의 노래. 예컨대 국가(national anthem), 응원가(sports anthem, stadium anthem, arena anthem) 등.

미가 있었고, 정부나 법률이 없어도 질서가 생기는가에 대해 생각해보고 싶었다. 그래서 법률의 아성 중에서도 그런 점을 깊이 파고드는 '법철학', 곧 법을 철학이라는 사고법으로 비판적 검토를 하는 학문의 길에 들어서게 되었다.

그렇게 몇 년의 세월이 지나, 아이러니하게도 결국은 이 세상에서 가장 싫어했던 교원으로 밥벌이를 하는 형편이 되었다. 일하고 싶지 않았는데 교무에 쫓기고, 아이를 기르고 싶지 않았는데 학생을 지도(?)하고 있다. 일본의 영화계는 명 여배우를 한 명 잃었는지도 모른다.

'악마의 얼굴'의 법철학

일단 '법철학'이라는 이름이 붙어 있으니, 아시는 분도 많겠지만, 이 분야에 대해 간단히 설명해둔다.

본래 철학이란 기존의 앎을 철저히 의심하고, '존재하는 것'의 근거는 무엇인가를 탐구하는 사고(思考)다. 우리가 자명하다고 여기는 상식을 다시 묻고, 확신을 따져 묻고, 진리의 탐구로 향해 간다.

법철학은 법률에 대해 그러한 사고를 들이댄다. 즉, 인간사회의 다양한 룰 중에서 왜 법률만이 국가권력에 의한 강제력을 가질 수 있는가, 그 같은 법률을 성립시키고 존재시키는 것은 무엇인가를 묻는다. 또한 과연 의회에서 제정되는 법률만이 법인가, 제정법을 능가하는 더 높은 차원의 법이 있지 않을까, 혹은 제정법보다 인간사회의 다양한 영위 속에서 자생하는 법이야말로 중요하지 않은가 등을 생각하기도 한다. 고대 그리스에 기원을 두고 유럽에서 발전한, 역사 있는 학문이다.

나는 법철학에는 두 개의 얼굴, 즉 천사의 얼굴과 악마의 얼굴이 있다고 생각한다.

천사의 얼굴이란 실정법학(민법이나 형법이나 구체적인 제정법에 대한 학)에 협력하여 그것들이 더 잘 정의를 실현시킬 수 있도록 개혁의 지침을 제시하는 것이다. 예컨대 헌법에 대해서는 입헌민주주의의 기초가 되는 인권이나 지배 등에 대해 깊은 사색을 제공하고, 형법에 대해서는 형벌의 목적을 둘러싸고 응보주의와 사회방위론의 관계를 어떻게 생각하는가에 대한 제언을 하는 등이다.

한편, 악마의 얼굴이란 현행 법체계의 기초 원리와 그것을 지지(支持)하고 있는 인간사회의 습속이나 상식 그 자체를 철저히 의심하고 사정없이 비판하는 것이다. 예컨대 왜 장기를 매매하면 안 되는가? 왜 도박은 범죄가 되는가? 정부와 폭력단은 본질적으로 같은 것이 아닌가? 왜 클론인간을 제작하면 안 되는가? 등등.

나의 법철학은 어느 쪽인가 하면 악마의 얼굴 쪽이다. 굳이 법률과 그것을 지지하는 학(學)이나 상식에 의문을 보이며 어깃장을 놓는다. 왜 그러냐 하면 내가 본래 아나키즘 편에 서 있다는 것, 그리고 사회 문제의 해결 수단으로서 법률만을 만능시하고 싶지 않기 때문이다.

법률은 결국 세계를 돌아가게 하는 시스템들 중 하나에 불과하다고 생각한다. 이처럼 법률을 상대화함으로써 법률에는 맡길 수 없는 인간의 다양한 '살아가는 힘'을 깨달았으면 한다. 룰에 따르는 것이 아니라 자기 자신의 머리로 생각함으로써 우리는 더욱 자유로워진다. 이 책은 디오게네스와 만났던 그 시절의 마음으로, 철학적인 시점에서 법률과 상식을 비판적으로 재검토하는 것을 테마로 한다.

짓궂게 생각한다

오해를 살까 봐 말해두지만, 나 같은 사람이 전형적인 법철학자라는 생각은 절대로 하지 말기 바란다. 세계와 일본에는 천사와 같은, 진지하게 법학이나 국가사회를 좋게 만들고자 생각하는 법철학자가 얼마든지 있다. 학자의 수만큼 법철학의 베리에이션이 있다는데, 그중에서 나의 법철학은 '악동(惡童) 풍'이다.

그러나 항상 권위나 사회 상식에 대해 악동과 같은 의문을 품고 거역하는 마음은 매우 중요하다고 생각한다. 특히 일본인은 고지식해서 상식을 의심하지 않고 생각도 하지 않은 채 룰에 따르고 체제에 거역하지 않으려는 면이 있다. 그러나 이제는 모두 좀 더 짓궂은 사고를 해도 좋지 않을까? 그 점에서 "이런 사고방식과 관점도 있구나!" 하고 깨치는 것만으로도 의미가 있을 터다. 사고를 단련하는 데서 법철학은 아주 유효한 수단이다.

나는 엄벙덤벙한 사람이지만, 책은 진지하게 썼다. 그러나 나는 교과서라는 걸 워낙 싫어하는 만큼 그런 식으로 쓰지는 않았다. 늘 학생 상대로 하는, 아오야마가쿠인(青山学院)* 대학 법학부 강의를 토대로 하여 썼다. 강의에서는 테마에 대해 다양한 사고방식을 제시하되 최종적인 답은 내지 않고(본래 철학에 답은 없다), 상식을 뒤흔드는 물음을 제기하여 학생 스스로의 사고를 자극하도록 유의하고 있다. 이 책도 그렇게 썼다. 그러니 여러분

---

* 도쿄도 시부야구에 본부를 둔 일본의 사립대학이다. 1949년에 정식대학이 되었지만 그 역사는 1874년 여자소학교의 창립으로 거슬러 올라간다.

도 즐겁게 읽으며 이런저런 생각을 해보시기 바란다.

이 책은 먼저, 법률 지키기를 좋아하는 선량한 시민 여러분에게 법률에 대한 회의심을 갖게 하는 데서 시작한다. 그런 다음 법철학의 전통적인 논점들(정의, 법과 도덕 등)을 말하고 이어 현대적인 문제들을 다루면서 최종적으로 자유마저 의심하도록 전개하고 있다. 극단적인 예(하지만 현대 사회에서 실제로 일어나고 있는 케이스)도 들기 때문에 당신의 상식은 상당히 흔들리게 될 것이다.

그렇지만 여러분의 맘이 내키는 대로 어느 장부터 읽어도 무방하도록 썼다. 짬나는 시간에 뒹굴뒹굴, 맥주라도 마시며 기분 좋게 읽고, 갇히지 않은 사고와 마음으로 이런저런 생각을 즐겨주셨으면 하는 게 나의 진정한 바람이다.

나에겐 '누군가에게 먹힐 자유'가 있다?

— 사람은 어디까지 자유로울 수 있는가

제1장

사회가
무너지는 것은
법률 탓?

─ 법화(法化)의 공과 죄

Q : 매뉴얼로 성희롱을 박멸할 수 있다?

Q : 카페에서 마신 커피가 뜨거워 입을 데었다면
    그것은 가게의 잘못?

당연히 법률이 있으니까 생활이 가능하다……손치더라도

법률을 배우지 않아도 살아갈 수 있음은 물론이다. 만인이 타인을 속이거나 훔치거나 살상하지 않는다면 법률의 대부분은 필요 없을 것이다. 그러나 우리는 이미 법률에 의해 지켜지며 살아가고 있다. 편의점에서 맥주를 사는 것도, 집을 임차해 거주하는 것도, 회사를 설립하여 경영하는 것도 모두 법률에 의해 가능하게 되어 있다.

학술적으로 좀 딱딱하게 말하면, 법률은 "시민 상호의 자주적인 계약의 형성 보호를 위한 편의를 제공"하는 것이다. 즉, 법률이란 현대 생활에서 도로, 철도, 전기, 상하수도 등의 인프라와 같은 것으로 봐도 좋을 것이다.

사실은 평생 법률을 조사해보는 일도, 법률과 마주하는 일도 없이 살아갈 수 있는 사람이야말로 가장 행운의 사람이라 할

수 있을 것이다. 트러블을 겪지 않아도 되는 거니까. 하지만 그
것은 자신이 손해를 입고 있음을 모르는 상태일 수도 있다. 예
를 들어 과거에 그레이 금리*의 금융으로부터 돈을 빌려 지불할
필요가 없는 돈을 지불하고 있었는데도, 출자법을 모르는 경우
과불금을 회수 못 할지도 모른다. (딱히 변호사사무소 선전을 하고
있는 건 아니다.)

반면, 체포되지 않고 나쁜 짓을 기도하려는 자에게도 법률은
중요한 텍스트다. 예전에 미국 복싱 흥행의 중심인물이면서 수
많은 계약위반, 착취, 살인 등으로 악명을 떨쳤던 프로모터 돈
킹(Don King)도 "나의 성공은 법률의 옹호가 있었기 때문이다."
고 큰소리쳤다고 한다. 선인에게도 악인에게도 법률은 현대 사회
에서 자유로이 살아가기 위한 기술을 주고 있는 셈이다.

---

* 일본에서 시행되었던 '그레이존(gray zone) 금리'의 준말. '그레이존 금리'란 이자제한
법과 출자법의 상한 금리 사이의 금리를 말한다. 금리의 상한을 정한 이 두 개의 법률 중
이자제한법에서는 금리의 상한을 15~20%로 정하고 있는 반면, 출자법에서는 형사상 처
벌의 대상이 되는 금리의 상한을 29.2%로 정했다. 그 때문에 이자제한법의 상한을 넘어
도 출자법의 상한을 넘지 않으면 형사상 벌을 받지 않는 '회색의 금리'가 존재했다. 이것
이 '그레이존 금리'로, 대부업자는 오랫동안 이 '그레이존 금리'에 의한 금리를 설정하여
위법한 금리를 취득했다. 2010년 6월 법 개정으로 폐지되었다.

복권에 당첨된 남자가 전처에게 부양받다?

그러나 법률도 사람의 자유를 위한 편의에 머무는 동안에는 괜찮지만, 역으로 부당한 결과를 낳아 사람의 자유를 방해하는 수갑·족쇄가 되는 경우도 많다.

2019년 3월에 이런 일이 벌어졌다. 미국에서 중년 남성이 복권에 당첨되어 일본 돈으로 300억 엔이라는 상금을 획득했다. 그런데 그 남성은 지금까지 살아오는 동안 일한 적도 없고 15년가량 아내의 노동으로 부양을 받다가 몇 개월 전에 이혼했다. 그이혼 후에 산 복권으로 엄청난 부를 획득한 것이다.

이혼 전에 부부 공동으로 만든 재산이 없기 때문에 법률상 이 300억 엔은 그가 독점해도 된다. 현재 그는 이 상금이 자신의 것이라고 기자회견에서 말했다.

그러나 이에 대해 미국 전역에서 비판의 목소리가 올라갔다. 무직인 그는 전처로부터 받은 돈이 없었으면 애초에 복권을 사지 못했을 것이다. 그간 내내 전처의 부양을 받으며 살아온 주제에 헤어진 후 자기만 행복해지는 건 비정상적이지 않은가, 전처에게도 나눠줘야 한다, 는 비판이다.

미국에서는 이혼 후 수입이 많은 쪽이 일정 기간 수입이 적은 전 배우자를 금전적으로 원조하라는 법률이 있다. 그에 의거해

이 무직 남성은 전처의 원조를 받고 있었다. 이혼 후에도 전처 (그렇게 부유하지 않은)의 원조를 받다가, 그 돈으로 산 복권이 당첨되어 획득한 300억 엔을 자신의 것으로 독차지한 것이다!

당연히 전처는 손해만 본 것이니 지나친 처사라고 생각할 수 있다. 하지만 법률상으로는 이제껏 일을 하지 않은 이 중년 남성이 300억 엔을 독점해도 문제될 게 없다. 그 후 이 건으로 미국에서는 남성을 지지하는 측과 지지하지 않는 측으로 나뉘어 논쟁이 벌어졌다. (타인이 돈을 쓰는 것에 대해 관중석에서 이렇다 저렇다 떠들어봐야 소용없는 일이지만.)

이렇듯 법률은 때로 정말 이래도 되는 거야? 하는 사태에 대해 "세이프(safe)!" 하는 경우가 있다.

법률에 올바름을 기대하지 마라

여러분은 이런 의문을 한 번쯤 가진 적이 있지 않은가? 왜 일본 형법에서는 도박이 범죄인데 일본인이 라스베이거스 등 국외에서 도박을 해도 범죄가 되지 않는가? 그것은 형법 3조의 '국외범' 리스트에서 도박이 제외되어 있기 때문이다. 국민이 해외 카지노에서 도박을 해도 일본국에 불이익을 초래하지 않는다는 이유로 국외범에서 제외되었을 것이다. 도박 자체는 자신의 재산을 자신이 좋아하는 데 던지는 것이니 죄악도 뭐도 아니다. 이처럼 같은 행위라도 법률 하나로 범죄가 되기도 하고 되지 않기도 한다.

법률은 정의·도덕(올바름)과는 원칙적으로 무관한 룰이다. 양자가 일치하는 경우도 있지만(살인, 절도는 죄), 법률은 인위적으로 만들 수 있으니 도덕을 지키게 하는 것과는 다른 목적을 위해 제정되는 경우도 있기 때문이다.

법률과 도덕이 별개인 것은, 이를테면 내심으로는 모든 살인을 죄라고 생각하는 재판관일지라도 법정에서는 '사형'이나 '경제적 이유로 인한 낙태'를 합법으로 다루지 않으면 안 되는 장면에서 나타난다. 의회에서 법률이 개폐되지 않는 한 법조(法曹)는 비록 본인의 신념이나 주의에 반하는 법률이더라도 일단은 현행법에 근거하지 않으면 안 된다.

법률의 궁극의 근거? '근본규범'

이 점을 가장 명확하게 논한 사람이 20세기에 그 이름을 남긴 오스트리아 출신의 법학자·국제법학자 한스 켈젠(Hans Kelsen:

1881-1973)이다. 켈젠은 법률의 성립에서 결정적인 것은 오로지 제정 절차의 유효성뿐이며 법 내용의 선악 여부는 전혀 관계없다는 '수권설(授權說)'을 말했다.

말인즉슨 이런 것이다. 일본의 현행법이 유효한 이유는 법률의 상위에 있는 규범, 즉 일본국 헌법이 정한 절차(국회에서 입법된다)에 따라 정해졌기 때문이다. 그러면 이어서 왜 일본국 헌법이 유효한 것인가가 문제가 된다. 그것은 일본이 태평양전쟁에서 패전하여 포츠담선언을 수락했던 것에 의한다. 그렇다면 왜 포츠담선언이 유효한가? 그것은 "조약은 지켜져야 한다."는 법의 일반원칙이 있기 때문이다. 그러면 왜 그 원칙이 유효한가?……이렇게 현행법이 유효임을 보증하는 상위의 규범, 나아가 다시 보증을 하는 더 상위의 규범, 이런 식으로 위로 위로 점점 더듬어 올라가게 된다.

그러자면 이 거슬러 올라감은 언젠가는 어느 지점에서 멈출 수밖에 없다. "'조약은 지켜져야 한다.'를 유효하게 한 상위 규범은?"이라고 묻는 지점부터 답은 꼬이기 시작한다. 완강히 버티며 설명하려 해도, 최종적으로 더 이상 상위의 규범에 거슬러 올라갈 수 없는 지점까지 도달하고 만다. 그 지점은 "근데 그렇게 되어 있으니 어쩔 수 없어!"라는, 단지 전제되었다고밖에 말할 수 없는 규범, 내용의 옳고 그름을 판단할 수도 없는 규범이다.

이 최종적으로 멈출 수밖에 없는 규범을 켈젠은 '근본규범'이라 부르고, 그것이야말로 모든 법률과 판결을 유효하게 하는 근거라고 설명했다.

'근본규범', 그것은 이미 사고 대상이라기보다 신앙 대상이다. 예를 들어 이런 부자간의 대화를 상상해보면 알기 쉬울 것이다. "학교에 가라."는 아버지의 명령에 "왜 아버지가 말한 것을 들어야 하는가요?"라고 되묻는 아이에 대해 아버지는 "신이 아버지가 말하는 것을 들어야 한다고 명했기 때문이다."라고 답했다. 그러자 아이는 다시 "왜 신의 명령에 따라야 하죠?"라고 물었다. 그러자 아버지는 이렇게 말할 수밖에 없었다. "신을 믿는 자라면 신의 명령에 따라야 하기 때문이지."

바로 이 마지막 아버지의 말이 '근본규범'의 성질을 잘 이야기해주고 있다. 신이 올바르기 때문에 그 명령을 따르는 것이 아니라 신을 믿으니까 따른다는 것이다. 따라서 만일 이 아이가 신을 믿지 않는다는 결단을 내렸다면 이 아이는 신의 명령도, 그리고 아버지의 명령도 듣지 않게 된다.

켈젠에 의하면, 법의 질서란 이 같은 신앙 대상인 '근본규범'을 정점으로 하여 아래쪽으로 뻗어가는 수권의 연쇄체계에 불과하다. 법률은 상위 규범이 인정한 제정 절차에 따르고 있는한 유효하며, 그 내용이 옳은가 아닌가는 효력과 전혀 무관한 셈이 된다.

물론, 켈젠의 이 같은 법률관이 유일한 정답은 아니다. 내용이 반도덕적이거나 부정하다면 그것만으로 법률은 무효라고 생각하는 학파도 있다('자연법론'). 반면, 켈젠은 법률을 도덕에서 완전히 구별된 독립 룰로 보는 '법실증주의' 학파에 속하기 때문에 이렇게 논하고 있는 것이다.

이 두 학파에 대해서는 다음 장에서 상세히 말할 것이다. 다만, 여기서는 법률에 내용적 올바름을 기대하지 말라는 각성(覺醒)의 견해가 법철학자 중에도 적지 않게 있다는 점만을 알아두기 바란다.

법의 기원은 폭력이다

그러나 법률이 그러한 것이라면, 법률은 제정 과정에서 실제의 역관계나 국가, 시대에 따라 크게 좌우될 것이다. 예컨대 현대 일본의 입법은 관료와 업계의 영향을 강하게 받는 경향이 있다. 또한 신앙 대상인 '근본규범' 여하에 따라 그 아래에 연쇄하는 법체계도 성질이 상당히 달라진다. 유대·기독교의 신을 신앙하는 사람들의 법체계와 알라를 신앙하는 사람들의 법체계는 완전히 다르다.

한 나라 안에서도 '근본규범'의 갑작스런 변경에 따라 법체계도 바뀐다. 일본의 경우, 전전(戰前)·전중(戰中)의 천황신앙기에는 대일본제국 헌법과 그에 기초한 법률이, 전후(戰後)에는 민주주의를 내세우는 일본국 헌법과 그에 기초한 법률이 시행되고 있다. 이렇게 보면 '근본규범'의 변경을 일으키는 것, 즉 혁명이나 전쟁 등의 거대한 폭력이야말로 모든 법률을 만들어내는 근원이라 말할 수 있다.

헌법을 포함해 법률을 제정하고 유지하는 것은 폭력이다. 이 테제도 법철학에서는 예로부터 잘 알려져 있다. 그 고전적 텍스트는 발터 벤야민(Walter Benjamin: 1892-1940)이라는 문예비평가가 저술한 법철학서 『폭력 비판을 위하여 *Zur Kritik der Gewalt*』다.

그는 어떤 목적을 위해 사용된 폭력이 기성사실로 정당화되면 그것이 법을 창조하는 근거(법적 폭력)가 된다고 말한다.

법적 폭력은 다시 두 가지로 나뉜다. 제1의 폭력은 법조정적(法措定的) 폭력으로, 이것은 법을 창조하고 시행하는 폭력이다. 예컨대 혁명을 성공시킨 세력이 과거의 법질서를 모두 폐기하고 새로운 법질서를 제정하는 경우다.

그러나 새로운 법률을 제정하고 시행하는 것만으로는 언제 반혁명세력에 의해 전복될지 모른다. 그래서 새로운 법질서가 전복되지 않고 정착하도록 제2의 폭력, 즉 법유지적(法維持的) 폭력을 행사한다. 이는 법질서를 지키기 위해 합법이라는 명목하에 허용되는 폭력이다. 그 예로 신체제를 지키는 군대, 병역의 강제, 경찰, 그리고 언뜻 폭력과 거리가 멀어 보이는 사법까지 들 수 있다. 사법도 새로운 법률의 지속적인 적용을 통해 법질서를 정착·유지시키는 수단으로, 이른바 '부드러운 폭력'을 담당한다.

벤야민의 논의는 역사를 돌아보면 수긍할 수 있을 것이다. 확실히 대개의 법질서나 체제는 혁명이나 전쟁, 정복으로부터 생겨난다. 프랑스혁명, 보신전쟁(戊辰戰爭)*, 제2차 세계대전······. 그리고 이들 폭력에 의해 그 이전의 법률이나 질서가 나쁜 과거의 유물이 되어, 두 번 다시 되살아나지 못하도록 철저하게 짓뭉개졌다. 그렇게 함으로써 역으로 신체제, 새로운 법질서가 훌륭하고 올바르다는 믿음을 국민에게 심어주는 것이다.

세계사든 일본사든, 역사는 늘 승자의 시선으로 그려져 있다. 독일의 철학자 G. W. F. 헤겔(Georg Wilhelm Friedrich Hegel: 1770-1831)은 "세계사는 장대한 세계법정이다."라고 썼다. 역사는 이겨서 남은 자를 옳다고 하고, 져서 사라진 자를 나쁘다고 말한다

---

* 1868년부터 1869년 사이에 에도 막부 세력과 교토 신정부 세력 사이에 벌어진 일본의 내전.

는 의미다. 헤겔 자신도 그가 살던 1820년대의 자국 프로이센을 다양한 역사적 과거가 부정되어온 끝에 도달한 인류의 목표지점, 즉 '이성의 현실태'라고 치켜세웠다. 그야말로 고대 그리스의 철학자 헤라클레이토스(Heracleitos: BC 540?-BC 480?)가 말했듯이 "만물은 유전한다." "만물은 투쟁으로 이루어진다." 그리고 "힘은 정의"라는 것이 한 점의 틀림도 없는 현실인 것이다. 현행법도 그러한 역사적 현재, 그리고 제정 과정에서 작동하는 역관계의 체현이라고 보아도 좋다.

'세력권 행동'에서 입법까지

본래 법의 시초는 무엇이었을까? 그것은 현대 일본에서 보이는, 벚꽃 계절이면 반드시 벌어지는 자리 확보전*과 같은 것이다.

법철학자 나가오 류이치(長尾龍一: 1838-)의 설명에 의하면, 인간과 동물의 집단생활에 공통하는 법의 발단은 세력권(나와바리)의 획정과 서열 짓기였다. 세력권은 약한 종이 약육강식으로 인

---

* 일본에서는 벚꽃 계절이 오면 벚나무 아래 돗자리를 깔고 가족 친지나 지인들과 다과나 술모임을 갖는 풍습이 있는데, 멋진 벚나무 자리를 선점하기 위해 치열한 경쟁을 벌인다.

한 절멸을 피하는 데, 그리고 서열 짓기는 동료 사이의 파멸적인 투쟁을 막아 생존능력을 증대시키는 데 유용한 본능적인 지혜였다.

그러나 그 후 감정과 지성을 여분으로 갖게 된 인간만이 독자적으로 법을 발전시켰다. 자연적인 질서 내에서, 권력욕이나 명예욕에 사로잡혀 반역하거나 질서를 어지럽히는 자에 대한 응보형과 벌, 사람의 재산 소유를 확고히 하는 소유권이 생겨났다. 그리고 최종적으로는 계약에 의해 이전까지의 자연질서를 해체하고 신질서를 만들며, 그 질서를 유지하기 위해 인위적으로 법률을 만드는, 즉 입법을 하는 지점에까지 이르렀다.

정부는 먼저 시장이라는, 사람들이 분업을 매개로 하여 서로 협력하는, 자유로운 계약에 의해 상호 이익을 주고받을 수 있는 자생적 질서(누군가가 만든 것이 아니라 집단생활 속에서 저절로 생겨난 질서)에 개입하지 않으면 안 되었다. 왜냐하면 시장에서는 자칫 약육강식이라는 사태가 벌어지고 그것이 본래 시장이 갖는 공존공영이라는 이점을 망가뜨릴 수 있기 때문이다. 정부나 의회는 시장에서 발생하는 약자를 돕고, 자유경쟁이 공정하게 이루어짐으로써 가격이 적정하게 형성되며, 공존공영이 유지되도록 다양한 입법을 해왔다. 부정경쟁방지법, 독점금지법, 노동자를 보호하는 법들 등이다.

또한 사람들의 인권의식이 높아짐에 따라 예전에는 '법이 들어가지 않는' 영역이었던 친밀권(가족, 부부, 연인 사이 등)이나 특별한 지배-종속관계가 인정되어왔던 학교, 교도소 등에 대해서도, 그런 장들에서 약자의 인권을 지키기 위한 법률이 제정되기에 이르렀다. 배우자로부터의 폭력 방지 및 피해자의 보호에 관한 법률(DV방지법), 아동학대 방지를 위한 법과 조례, 스토커 규제법 등이다. 이렇게 근대 이후 사회의 각 영역에서 약자 구제, 인권침해 방지를 위한 경제법, 노동법, 사회보장법과 같은 법 분야가 늘어나 새로운 문제가 생길 때마다 법률이 증식하게 되었다.

이렇듯 입법에 의한 행정의 사회 개입에는 약자를 구하고 사회의 부정을 바로잡는다는 좋은 면이 있었음은 명백하다.

관료에게 조종당하다 — '법화(法化)'의 부정적 측면

그러나 법의 증식에는 부정적인 측면도 있다. 서양에서는 1970년대 후반부터 정부가 사회에서 발생하는 다양한 문제에 대해 입법으로 해결하려는 경향이 강해졌고, 그 결과 제정법이 증식하고 소송 대상이 확대되었다. 이러한 현상은 특히 '법화(法

化)'라 하여 문제시되었다.

앞에서 썼듯이, 국가가 사회에서의 부정 방지와 약자 구제를 위해 입법으로써 개입하는 것도 법화 중에 들어가지만, 그것은 법화의 밝은 부분이다. 법화에는 반대로 어두운 부분도 있는데, 그것이 현대에서는 클로즈업되고 있다.

예컨대 헌법에서 보장하고 있는 국민의 권리, 특히 '건강하고 문화적인 최저한도의 생활'을 실현하고자 할 때 그 주도권을 쥐는 것은 당사자 국민이 아니다. 그 실현을 가능케 하는 것은 생활 보호에 관한 번다한 법률이나 내규, 규칙 등을 조종하는 관료다. 권리 실현에 관한 법률이나 규칙이 증식하면 법 적용의 전문성과 기술성이 높아지기 때문에 결과적으로 권리 보장을 요구하는 국민은 자신의 손으로 그것들을 컨트롤할 수 없다. (생활 보호 신청을 할 때 이른바 '미즈기와작전'으로 엄격한 조건을 들이댐으로써 단념할 수밖에 없게 만드는 일도 있다.)

스마트폰 계약을 할 때 판매원이 뭐가 뭔지 모를 내용을 빠른 말투로 설명하는 걸 듣고 자기도 모르게 필요 없는 어플리케이션을 받거나 태블릿 계약까지 억지로 떠안게 되듯이, 관료가 난

---

* 水際作戰. 해상으로 공격해 오는 적을 물가로 끌어들여 육지에 제대로 발을 들여놓기 전에 섬멸한다는 일본 고유의 군사작전인데, 여기서는 조건을 까다롭게 하여 신청자 스스로 포기하게 만드는 것을 의미한다.

해한 법이나 규칙에 관한 설명을 위세 좋게 지껄여대는 것을 듣고는 결국 그것을 수용할 수밖에 없는 것이 실정이다. 법 적용에서 전문성이 늘어나고 관료제화가 추진되기 때문에 결국 국민 스스로가 법을 사용해 자신의 권리를 실현할 수 없게 된다는 것이 법화의 어두운 면 중 하나다.

미묘한 성희롱 대책

그리고 법화의 또 한 가지 어두운 면은 일상생활의 도처에 법률이 침투함으로써 사람들의 커뮤니케이션이 법률에 속박되고, 그 결과 사적 자치라는 것 자체가 파괴되어버린다는 점이다.

물론 성희롱은 당연히 있어서는 안 된다. 피해자가 정말로 싫어하는 것을 "싫어, 싫어, 하면서도……"라는 식으로 무시하며 치근덕대는 짓은 절대로 허용되지 않는다. 그러나 성희롱을 미연에 방지하기 위해서라며 행위를 세밀하게 규제하는 매뉴얼을 일상적으로 준수해야 한다면 어떻게 될까? 남성이 여성에 대해

---

* "싫어, 싫어, 하면서도……"는 겉으로 하는 말과는 달리 속으로는 은근히 좋아한다는 뉘앙스를 담은, 일본 사회에서 쓰이는 표현이다.

"휴일 날은 뭐 할 거야?" "안색이 안 좋은데 괜찮아?"라고 물어서는 안 된다든가, "~짱"을 붙이면 안 된다든가 하면? 대학에서도 최근에는 이성 학생이 교원의 연구실을 찾아왔을 때는 문을 열어놓고 복도에서 누군가가 안을 들여다볼 수 있는 상태에서 상담에 응해야 한다는 곳도 있는 모양이다.

더 극단적인 이야기가 있다. 엘리베이터에 남성 교수 혼자서 타고 목적 층을 향해 갔다. 도중에 엘리베이터 문이 열리고 여학생이 한 명 탔다. 그러자 그 남성 교수는 그곳이 목적 층이 아님에도 즉시 내렸다. 이유는 엘리베이터라는 밀실 안에서 짧은 시간일망정 남성 교수와 여성 학생이 일대일인 상황은 위험하다고 간주되기 때문이라는 거였다…….

물론 그것 말고도 이야기는 많지만, 문제로 삼고 싶은 것은, 일이 생기는 것을 막기 위해 "배나무 아래서는 갓끈을 고쳐 매지 말라."는 것을 상세하게 매뉴얼화하여 이를 매개로 사람들을 행동하게 하는 처사는 커뮤니케이션을 왜곡해버릴 뿐더러, 나아가 한 사람 한 사람의 사고력과 판단력을 빼앗아버리지 않을까 하는 점이다. 본래 성희롱을 하는 사람의 경우 대인관계에 관한 그 사람의 뿌리 깊은 편견과 확신에 원인이 있는 것이지, 행동을

---

* '짱(ちゃん)'은 친밀감을 나타내는 호칭으로, 주로 친한 사이의 여자에게 붙여 부른다.

조종한다고 해서 수정되는 것은 아니다.

재판에서 파괴된 인정

법화가 사람들의 커뮤니케이션을 넘어 이전까지의 일상생활, 커뮤니티를 무참할 정도로 파괴한 사건이 있었다.

1970년대 중반의 일이다. 어느 신흥주택지에 가족 전체가 사이좋은 두 가족이 있었다. A부부와 그 아이를 A어린이, B부부와 그 아이를 B어린이라고 하자.

A어린이와 B어린이도 사이가 좋아서, A어린이는 어느 날 대청소 중인 B집에서 B어린이와 놀고 있었다. 그곳에 A어머니가 찾아와 A어린이를 쇼핑에 데리고 가려 했지만 A어린이는 놀고 싶으니 가기 싫다고 답했고, B아버지도 우리가 돌보겠다며 A어린이를 흔쾌히 맡아주었다. 양가에서는 이미 몇 차례 상대 아이를 맡아준 적도 있고 해서, A어머니도 가벼운 마음으로 아이를 맡기고 집을 나섰다.

두 아이는 B집에서 놀다가 대청소 중간에 아이들 모습을 보고 있던 B어머니에게 "뒤쪽 공터에 가고 싶다."고 청했다. B어머니는 한순간 망설였지만 지금까지 아이들끼리만 놀게 해도 문제가 없었기에 두 아이를 내보냈다.

얼마 후 B어린이가 혼자서 돌아와 공터 웅덩이에 A어린이가 들어간 후 돌아오지 않는다는 것을 부모에게 알렸다. B아버지는 황급히 인근 사람들과 함께 웅덩이에 들어가 탐색했는데 A어린이는 웅덩이 바닥에 가라앉아 있었고 구급차로 실어 날랐지만 이미 숨진 뒤였다.

쇼핑에서 돌아온 A부부는 B집에 맡겨둔 사이 자기 아이가 사고사한 것을 알고 울부짖으며 B부부를 격하게 책망했다. 그러나 B부부는 사죄하지 않았다. 그래서 A부부는 사이가 좋았던 B부부를 상대로 소송을 걸었다. 정확하게는, 위험한 웅덩이를 방치한 것에 대한 행정 및 자갈채취업자의 책임과 함께, B부부의 준위임계약 불이행과 불법행위의 책임을 묻는 소송을 제기했던 것이다. 1심 판결은 1983년에 나왔는데, 그것은 B부부의 불법행위 책임만을 인정하는 것이었다.

이 판결이 실명으로 보도된 후 승소한 A부부에게 상상도 가지 않는 가혹한 처사가 가해졌다. 사건과 재판을 알게 된 일본 내의 사람들로부터 A부부에 대한 격렬한 공격이 행해진 것이다. 끝없이 걸려오는 익명 전화와 보내오는 다수의 편지, 그것들은 "호의로 아이를 맡아준 이웃을 상대로 소송을 걸다니 당신이 그러고서도 인간이냐!"라든가, 손해배상 청구가 인정된 것에 대해 "죽은 아이를 돈벌이 수단으로 삼는 거냐." 등 불합리하고 당치도 않은 개인 공격, 인격 부정적인 내용 일색이었다.

A부부는 이들의 격렬하고도 집요한 혐오 공격을 견디지 못하고 소송을 취하했고, 더구나 일본 안에 쫙 퍼진 주소지에 살 수 없어 이사를 했으며, 게다가 실직의 처지에까지 내몰렸다.

그러나 비극은 여기서 끝나지 않는다. A부부가 공격을 받고 있는 사이 세상 사람들 대부분은 B부부에게 동정하고 있었지만, A부부가 소송을 취하하자 이번에는 사태가 일변하여 B부부 두드리기가 시작되었던 것이다. 이 무렵의 흐름은 요즘 SNS에서의 이른바 '악플몰이'와 비슷한 점이 있지만, 어쨌든 이 사건과 소송을 계기로 그 전까지 사이좋게 어울렸던 두 가족의 관계가 갈기갈기 찢기고 또한 각 당사자들의 인생마저도 망가뜨려진 것은 분명하다.

재판은 만능이 아니다!

이 사건은 통칭 '이웃 소송사건'이라 불리는데, 여러 가지 생각거리를 던져준다.

먼저 확인해두고 싶은 것은 소송을 제기한 A부부는 아무 나쁜 짓도 하지 않았다는 것이다. 상대가 사이좋은 사람이었다 할지라도 고의 사고로 인해 손해를 입었을 경우 재판을 통해 책임을 명확히 하고 자신의 손실을 회복하려는 것은 하나의 선택지로서 잘못이 아니다.

그러나 다른 한편으로 일본 사회가 예로부터 소송을 좋아하지 않고, 다툼이 있어도 우선은 당사자끼리 대화해보고 결말이 나지 않을 때는 지역 장로가 중간에 섬으로써 좌우간 일을 크게 만들지 않고 수습하는 것을 선호해왔던 것 또한 사실이다. 선악이야 어찌되었건 일본에서는 재판을 철저히 최종 수단으로 여겨왔던 것이다.

이러한 일본 사회의 특징을 서양의 심퍼사이저*들은 "권리의식이 낮다."며 비판하지만, 과연 그럴까? 역으로 어떤 다툼이라도 무조건 법적 해결, 재판으로 끌고 들어가야 한다는 사고도 편벽돼 있는 건 아닐까?

인간 집단 내에서 다툼을 해결하는 방법으로는 현재와 같은 재판제도가 없는 시대에서부터 다양한 것이 있었다. 분쟁 해결의 방법은 사안의 성질에 따라 다종다양하며 법적 해결은 그것

---

* 'sympathizer'는 어떤 인물이나 단체의 정치적 사상에 찬동하여 신봉자가 된 사람을 가리키는 말이다. 공감자, 동감자의 의미가 바뀌어 영향력 있는 인물이나 단체에 대한 신봉자, 지지자, 찬동자 등과 같은 의미로 쓰인다.

들 중 단지 하나의 선택지에 불과하다. 그럼에도 이 소송이라는 방법만을 유일하게 올바른 것으로 보고 이를 모든 영역의 문제 해결에 확장시키는 사고야말로 법화가 갖는 병리적 측면이다.

분쟁 해결을 위해 재판에 호소하는 것에는 이점도 있지만 결점도 있다. 먼저 이점을 보자. 고대 중세와, 국가에 의한 재판제도가 없던 시대에는 다툼이 있으면 앙갚음과 자력구제 등 사적 투쟁 외에 해결 수단이 없었다. 힘없는 사람은 울다가 잠들 수밖에 없었다. 그러나 재판의 등장으로, 약자도 체념하지 않고 자신의 권리를 국가의 보증에 의해 실현할 수 있게 되었다.

또한 민사소송에서는 손해를 준 자에 대해 손해배상을 청구한다. 금전에 의한 해결은 '눈에는 눈을'보다는 평화적일 것이다. 즉, 손해배상은 피로 피를 씻는 복수나 사적 제재를 멈추게 하기 위한 인간의 지혜라고도 할 수 있다.

그러나 소송에 의한 해결에는 부정적인 측면도 있다. 먼저, 소송을 제기하려면 돈이 드는 데다 시간을 빼앗기고 심신의 소모도 크다. 게다가 소송은 원래 분쟁의 불씨에 기름을 붓는 성질을 갖고 있다. 왜냐하면 해결 방법이 '이기느냐 지느냐'의 둘 중하나기에 상대에게 전면적인 잘못이 있음을 주장해야 하고, 그 주장에 설득력이 있도록 상대의 성격이나 사생활, 나아가 과거의 행적까지 폭로할 필요가 생기기 때문이다. 이렇게 재판은 당사자끼리의 대결을 더욱 격화시키고, 해결 후에도 관계를 수복 불가능하게 만들어버린다.

또한 모든 분쟁을 법정으로 가져가는 게 당연한 사회가 되면, 사람들은 일상적으로 고소당할 것을 각오하고서 행동할 수밖에 없다. 미국인들은 법조(法曹)가 아닌 일반 사람들도 일상적으로 "We will sue you(고소할 거야)."라고 말하는 모양이다. 그래서 '수(sue)족'이라는 말이 붙은 적도 있었다. 그만큼 소송이 당연한 것처럼 되어버린 사회다. 그렇지만 이런 식으로 어느 날 느닷없이 법정에 출두하여 자신에 관해 시시콜콜 폭로당하는 걸 늘 각오하며 살아가야 한다면, 당신은 그런 생활을 감내할 수 있겠는가?

나는 딱히 재판이라는 방법이 나쁘다고 말하고 있는 게 아니다. 단지, 분쟁의 해결 방법에는 다양한 것이 있으니, 법적으로 흑백을 가르는 재판만이 만능이요 모든 것이라고 생각해서는 안 되지 않는가 묻고 싶은 것이다. 사실, 일본에서는 이혼에 대해 재판보다 협의라는 방법을 쓰고, 분쟁의 성질 여하에 따라 시담(示談)*, 중재나 화해와 같은 방법이 더 적합하다고 보고 있다. 덧붙여 말하면, 법적으로 흑백을 가르고 누군가에게 법적 책

---

* 민사상의 분쟁을 재판 이외에 당사자 간에 해결하는 일.

임을 강제하는 방식이 아닌 해결법도 계속 발견되어 쓰일 수 있으면 좋겠다.

법화의 어두운 면에 대해 일찍이 경종을 울렸던 독일의 사회철학자 위르겐 하버마스(Jürgen Habermas: 1919-)는, 법의 세계는 사회를 형성하는 다양한 시스템 중 단지 하나에 불과한데도, 그것이 현대에서 정감을 토대로 한 인간관계를 서서히 침식한 결과 우정, 관용, 신뢰, 호혜와 같은 요소를 실종시켰다고 지적한다. 법화가 초래한 최대의 폐해는 사람들이 법률을 방패 삼아 타자와 대립적으로 관계할 수밖에 없는 세상을 만들어낸 점일 것이다.

햄버거 가게의 커피가 너무 뜨거워 입을 뎄다는 이유로 고소하는 사람, TV 프로그램에서 외래어를 너무 자주 쓰는 바람에 정신적 고통을 받았다며 고소하는 사람, 그런 이들을 보면 "세상이 당신 한 사람을 위해 돌아가는 게 아니잖아!" 말하고 싶어진다. 이렇게 자신의 마음에 들지 않는 일에 참을성이 없어지는 사람들이 늘어나고 있는데, 그 이유 중 하나로 법화가 있지 않을까 한다.

뭐든지 타인의 탓으로 돌리는 사람이 늘어나고 있다

소송 사회가 되면 기묘한 소송도 나온다. 자신이 지금 사회에서 고생하고 있는 것은 자신에게 충분한 교육을 제공하지 못한 모교가 나쁘다고 하여 출신 학교를 고소하고, 자신의 능력이 낮은 것은 쓸모없는 유전자를 준 부모가 나쁘다고 하여 부모를 고소하는 예 등이다. 이런 소송을 진심으로 하는 사람들은 뭐든지 타인의 탓으로 돌리며 살아가는 유치한 사람들일 것이다. 타인의 작은 흠을 찾아내 그것을 빌미로 자신의 이익을 끌어내려는, 그런 관심 외에 타인과 관여하지 않으려는 불쌍한 사람들이다. 그런 무리들에게 법률 지식은 안성맞춤의 무기가 될 것이다.

마지막으로, 이것도 법화의 발로가 아닐까 생각하는 사례를 소개한다. 법률 조문을 무조건적으로 수용하여 무턱대고 엄격한 준수를 요구하는 사례다.

예전에 일본의 전통 있는 유명 양과자 제조사가 슈크림을 만들 때 유통기한이 1~2일 지난 우유를 사용했던 게 판명되어 식품위생법 위반 혐의로 적발되었다. 그 결과 이미 만들어진 슈크림은 모두 폐기되고 조업 정지를 당했다.

이런 일은 일본에서 자주 있는 사례인 만큼, 대부분의 사람들은 법률을 준수하지 않는 기업이 나쁘니 대량의 상품 폐기나 제제가 어쩔 수 없다고 생각할 것이다. 하지만 이 사건의 경우, 정말로 슈크림의 대량 폐기가 필요했을까? 사용한 우유는 유통기한을 하루이틀 넘겼다지만, 일반 우유 제조사의 유통기한보다 짧게 설정되어 있었다고 한다. 즉, 보통 마시는 우유로는 유통기한에 문제가 없었다. 그런데 식품위생법이라는 조문에 걸렸기 때문에 위반이 된 것이다.

더욱이 이 우유는 생으로 소비자에게 제공되는 것이 아니라 과자의 원료로서 가열·가공되는 것이다. 그것을 먹었다고 해서 식중독에 걸릴 염려는 없다. 따라서 이미 만들어진 슈크림을 단지 법률 위반이라는 이유로 대량 폐기한 것이 아무래도 이해되지 않는 것이다.

양과자 제조사가 기한이 끝난 우유를 사용한 것이 고의인지 과실인지는 모르지만, 형식상의 법률 위반이 있었다면 그것은 그런 식으로 처리될 수밖에 없다. 하지만 만들어진 대량의 양과자에 실제상의 문제가 없다면 무조건 폐기하지 않아도 되지 않았을까? 그럴 경우에는 "제조 과정에서 하루이틀 기한이 지난 우유를 사용했습니다만, 위생상 아무 문제가 없으니 원하시는 분은 무료로 가져가십시오."라고 게시하여 먹고 싶은 사람들에게 제공하면 좋지 않았을까, 하고 나는 생각한다.

하지만 법률 위반이라는 점에 대해 화를 내기 전에, 본래 무엇을 위한 식품위생법인지부터 생각해야 한다. 그 법은 업자에 대해 소비자에게 위생적으로 안전한 먹을거리를 제공하라고 의무 지운 취지의 법률이다. 그러니 사실상 식중독에 걸리지 않는 상품이라면 괜찮지 않은가 생각하는 것이다. 안전한 먹을거리를 위한 법률이지 법률을 위한 먹을거리가 아니다.

물론 이런 말을 들으면 다음과 같은 이견이 나올 것이다. "제공된 하자 있는 무료 슈크림을 먹은 사람들 중에는 '법률 위반의 무료 슈크림을 먹었다! 기업을 고소하겠다!'고 말하는 패거리가 틀림없이 나올 것이다. 그런 리스크를 없애기 위해서라도 상품을 폐기해야 하지 않는가."라고. 물론 그런 사람은 꼭 있다. 하지만 이런 인간이야말로 법화가 낳은 몬스터 클레이머*가 아닐까? 수상쩍으면 먹지 않으면 될 테고, 괜찮다 싶으면 먹으면 된다. 음식이란 건 결국 유통기한이 아니라 자기 판단에 의해 먹을지 말지 정하는 것이다.

참고로, 나는 냉장고 안에서 어느덧 유통기한이 끝나버린 먹을거리라도 일단은 냄새를 맡아보고 오감을 가동시켜 먹을지 말지를 판단하고 (때로는 불로 익혀) 먹는데 중독이 된 적은 없다.

---

* 일본에서의 조어. 영어로는 'monster claimer'로 될 터인데 우리말로 하면 '진상 손님'이란 표현이 어울릴 듯하다.

(※개인의 견해입니다.)

　법률은 사회에 질서를 가져다주는 룰이지만, 한편으로 법률
에 과도하게 의거하는 것은 인간의 힘을 쇠퇴시킬 가능성이 있
다. 법률과 인간·사회의 이상적인 관계는 대체 어디에 있는 것일
까? '위험한 법철학'의 사고는 여기서부터 시작된다.

제2장

클론인간의 제작은 NG(No Good) 인가?

― 자연법론 vs. 법실증주의

Q: 카지노는 합법인데 돈내기 마작이
   위법인 것은 왜?

Q: 자발적인 매춘은 해도 되는가 안 되는가?

체포될지 아닌지는 운 나름

"스피드를 지키며 운전하는 사람은 거의 없는데 (시속) 100km 이내라고 정해놓은 건 웃기는 일이다. 마작도 마찬가지. 돈내기 하지 않는 사람은 없는데." 그 자신 돈내기 마작으로 적발된 적이 있는 모 만화가의 명(?)언이다.

먼저 법정속도(고속도로에서는 100km, 일반도로에서는 시속 60km)를 보면, 일본에서는 미숙한 운전자를 기준으로 경찰청이 정하여 정령(政令)으로 시행하고 있다. 정령이니만큼 교통 사정이 완전히 다른 도도부현(都道府縣)* 전부가 이를 일률적으로 지키지 않으면 안 된다. 형식적으로는, 사람도 거의 없고 자동차도 달리지 않는

---

* 일본의 행정구역은 1都(도쿄도), 1道(홋카이도), 2府(교토부, 오사카부)와 43개 縣으로 되어 있다.

홋카이도의 과소지역(過疏地域)* 도로에서도 이를 지키며 운전해야 하는데, 이는 확실히 현실적이지 않을 것이다. 지나가는 소가 웃을 일이다.

그리고 일반인의 돈내기 마작이 법률상 범죄가 되고 있는 건을 보자. 일반인이 돈을 걸고 마작을 하는 것은 범죄로 되어 있다. 근거는 형법 185조 "도박을 한 자는 50만 엔 이하의 벌금 또는 과료에 처한다. 단, 일시 오락에 공(供)하는 물건을 건 것에 불과한 때에는 그러하지 아니하다."

그런데 이 조문의 후반을 보면, 상습이 아니라 가끔 친구들끼리 누군가의 집에서 재미 삼아 5천 엔가량의 돈을 걸고 마작을 하는 정도라면 괜찮은 것으로 보인다. 다이쇼시대(1912-1926년)의 대심원(지금의 최고재판소) 판결이 아직 살아 있어 "금전은 그 성질상 일시적인 오락에 공(供)하는 물건이라고는 할 수 없다."고 해석되고 있으니 비록 1엔이라도 걸면 위법이 된다.

성인이 스낵과자 한 봉지를 걸고 마작을 하며 즐거워할까? 실은, 모 만화가가 말했듯이 법률로는 범죄로 되어 있지만 '돈내기를 하지 않는 사람'은 거의 없다.

---

* 인구의 현저한 감소에 따라 지역사회의 활력이 저하되고, 생산 기능 및 생활환경 정비 등이 다른 지역에 비해 낙후되어 있는 지역.

간혹 스포츠 선수나 유명인이 적발되고는 하는데, 같은 일을 하고도 적발·체포되는 사람과 그렇지 않은 사람이 나오는 것은 왜인가? 형사소송법에는 "범인의 성격, 연령 및 처지, 범죄의 경중 및 정상, 또 범죄 후의 정황에 따라 소추를 할 필요가 없을 때는 공소를 제기하지 않을 수 있다."는 조문이 있다. 때문에 돈내기 마작을 한 사람 모두가 수사되고 체포되는 것은 아니며 경찰이나 검찰의 재량에 의한다. (전문가에 따르면 1,000점에 200엔 이상, 1시간에 3만 엔 정도의 판돈이 도는 돈내기 마작은 적발된다고 하지만, 그 이하라도 법률상으로는 위법이다.)

즉, 법률 자체가 체포될지 아닐지는 운 나름이라고 정하고 있는 셈이다.

국가라는 '합법적' 강도단

법률은, 법률이 범죄라고 선언한 것을 합법화할 수도 있는, 흑을 백이라 할 수 있는 도구다. 예컨대 일반인이 행하는 살인은 범죄지만 국가가 행하는 살인은 사형이라 하여 합법화되어 있다. 일반인이 행하는 강도는 범죄지만 국가가 국민으로부터 세금을 거두는 것은 합법이며 그를 위한 법률까지 있다. "납세는 국민의 의무"라고 명문화되어 있고, 많은 선량한 시민들은 그것이 당연하다고 생각한다. 그러나 모두가 본심으로 좋아서 세금을 내는 것은 아니다. 내지 않으면 추징당하거나 탈세라는 명목으로 적발되는 등, 말하자면 협박이 있기 때문에 어쩔 수 없이 낸다. 그런 의미에서 세금은 국가에게 협박당해 빼앗기고 있는 것이나 같다.

국가가 국민으로부터 세금을 거두는 게 정당화된 것은 16세기 프랑스의 법학자 장 보댕(Jean Bodin: 1530-1596)에 의한 '주권론'의 확립에서 비롯한다. 이것이 바로 주권국가라는 말의 어원인데, 그 주권이란 폭력을 독점한 권력이 다양한 민족과 언어, 관습을 갖고 있던 지역사회를 통째로 포착·지배하여 그 영역 내의 사람들이 종교상의 이유 등으로 분쟁을 일으키면 힘으로써 억지하는 것을 법으로 정통화한 개념이다. 이 주권이 성립했을 때 사회는 비로소 국가가 된다고 본다.

좀 어려운 말을 하고 있지만, 이는 요컨대 폭력단의 세력권(나와바리) 지배와 본질적으로는 다를 바가 없다. 다른 점은, 주권에는 법에 의한 지배의 정통화가 있음에 반해, 폭력단에는 그 같은 뒷받침이 없다는 것이다. 국가는 주권자라는 조장(組長)*에게

---

* 구미쿄. 야쿠자 조직의 우두머리.

'합법적으로' 지배되는 시마(島)*다. 보댕은 주권의 권한으로서 국민으로부터의 징세권을 정당화했는데, 그것은 말하자면 '감독 비'**와 같은 것이다. "이 시마에서 안심하고 생활하거나 장사할 수 있도록 동네 졸때기들을 얌전하게 만들어줄 테니 보호비를 지불하라."고 말하는 것과 같은 셈이다. 먼 옛날부터 자치를 하고 있던 지역사회에 나중에 제멋대로 들어와 지배하고 있는 주제에.

그런데 보댕에 의하면, 주권은 법에 의해 정통화됨과 아울러 고전적 자연법에 의한 제약을 받아야 한다고 한다. 한데, 그 자연법 안에는 '소유권의 신성불가침'이 들어 있다. 이 말은 곧 주권도, 내주기를 싫어하는 소유자의 재산이므로 강제적으로 빼앗아서는 안 되다는 것일 텐데…… 징세권은 그것과 모순되지 않는가?

사실, 이 모순은 아직도 깔끔하게 해결되어 있지 않다. 그래서 오늘날에도 세금은 국가에 의한 강탈이라고 주장하는 학자가 적지 않게 존재한다. (이 점에 대해서는 제9장에서 서술한다.)

이 같은 국가＝폭력단설은 딱히 별난 것이 아니다. 정치학이나 신학에서는 옛날부터 이야기되던 것이다. 중세 전기 유럽

---

* 폭력 조직이 지배하고 있는 세력권(나와바리)을 '시마(島＝섬)'라는 별칭으로 부른다. 히바쇼(火場所, 費場所)라고도 한다.
** 그 세력권을 지배하는 폭력 조직에게 바치는 상납금.

의 정신세계를 지배했던 교부철학자 아우구스티누스(Aurelius Augustinus: 354-430)는 "국가란 거대한 강도단이 아닌가."(『신곡론 _De Civitate Dei_』 4·4)라고 묻고 있고, 독일의 사회학자 막스 베버(Max Weber: 1864-1920)도 국가를 "어느 특정한 지역의 내부에서 정당한 물리적 폭력 행사의 독점을 요구하는 인간 공동체"지만 그 본성은 악마적인 것이며 정치에 관여하는 인간은 "악마와 계약을 맺은" 자라고 쓰고 있다(『직업으로서의 정치_Politik als Beruf_』).

이렇듯 본질적으로 강도단과 같은 국가권력을 '올바른' 지배처럼 믿게 하는 수단이 바로 법률이다. 법률이, 국가가 허용하는 것·허용하지 않는 것을 명기하여, 어리숙한 사람들에게 그것이 옳다고 믿게 한다. 에도시대처럼 일반인이 도박장을 개장하는 것과, 국가가 경마, 경륜, 보트 레이스, 카지노를 운영하는 것에 무슨 차이가 있다는 말인가. 후자에 실정법에 의한 보증이 있을 뿐이라는 것 외에는 없다.

법률과 도덕은 무관계 — 법실증주의

이런 예를 보자면, 법률은 정의나 도덕과는 무관한, 그렇기는커녕 외려 그것들에 반하는 법률도 있지 않은가, 묻고 싶어진다.

실제로, 당연히 법률은 도덕과는 전혀 무관한 독자적인 룰이지요, 라고 논하는 법학자, 법철학자는 예로부터 많이 있다. 그 같은 학자들의 사고방식을 '법실증주의'라고 한다. 제1장에서 소개한 켈젠도 그중 한 사람이다.

이런 입장의 사람들은 법률이란 합헌적인 수단을 거쳐 성립한 실정법만을 가리키는 것이어야 하며, 그것만이 사회의 전원이 참조하는 룰이어야 한다고 말한다. 왜 그렇게 말하는가? 그것은, (학자에 따라 뉘앙스의 차이는 있지만) 법률은 사회의 구성원이 행동할 때 공통으로 의거할 수 있는 하나의 룰북(rule book)이어야 한다는 생각(실정법 일원론이라 한다)에 기초한다.

예컨대 야구나 축구를 하는 사람들은 공통의 룰을 염두에 두고 플레이한다. 만일 각 선수가 룰북에 실려 있지 않은 자신의 독자적인 룰을 들고 나와 플레이한다면 게임은 큰 혼란이 벌어져 성립하지 않게 될 것이다. 마찬가지로, 상대와 계약서를 교환했지만 이 계약은 자신의 신념에 반하니 이행을 중지하겠다고 말하는 사람이 나오면 상대는 큰 곤란을 겪고 사회는 혼란스러워진다.

또한 재판에서 판사가 법전에 언명되어 있지 않은 자신의 독자적인 이상이나 정의관, 신의 고지(告知) 등을 법원(法源)으로 삼아 판결을 내린다면 법전에 의거하여 소송에 임한 사람들은 매우 곤혹스러워질 것이다. 법률은 모든 사람에게 "이런 일을 하면 법률상 이런 결과가 된다." "상대와 이런 계약을 했기 때문에 자신에게 이런 효과가 돌아온다."는 기대를 보장하는 기능을 가져야 하고, 따라서 합헌적으로 제정된 법률만이 룰로서 시행되어야 한다는 것이다.

물론 합헌적인 절차를 거쳐 만들어진 법률이라도 내용적으로 이상한 것은 충분히 있을 수 있다. 그러나 내용이 이상하다고 해서 각인이 자신의 판단으로 유린하거나 멋대로 바꾸어서는 안 되며, 또 적합한 절차에 의해 개폐되기 전까지는 그 법률을 룰로서 인정하지 않으면 안 된다. 이렇게 생각하는 것이 법실증주의다.

인간의 '본성'에 묻다 — 자연법론

그러나 만일 당신이 "이런 법률은 이상하니 따를 의미가 없다."고 생각할 때, 당신은 법률에 우월하는 올바름이라는 걸 믿고 있는 셈이 된다. 그때 당신은 한 국가 내의 의회가 정한 법률보다도 세계에서 어느 시대에나 공통으로 인정되는 올바름, 예컨대 이성이라든가, 인도(人道)라든가, 인간으로서의 양심과 같은 것에 따라야 한다고 생각하는 사람이다. 이와 같은, 실정법에 우월하는 효력을 가진 법이 존재한다고 믿는 사상을 자연법론이라고 한다.

어떤 민족이건 인간이라면 부정하지 못할 율법이라는 것이 분명 존재한다. 예를 들면 이스라엘 민족과 신 사이의 계약인 모세의 십계 중에 "살인하지 말라." "도둑질하지 말라." "네 이웃의 재물을 탐내지 말라."는 어느 나라에서도 통용할 것이다. 또 "자기를 보존하라(즉, 살아라)." "진리를 찾고 그것을 말하라." "약속을 지켜야 한다." "타인을 해쳐서는 안 된다." "소유권을 침해해서는 안 된다." 등도 유럽 중세까지의 이른바 고전적 자연법(신의 영구법에서 자연계로 흘러나왔다고 하는 법)의 내용으로서 사람이 정하는 법률의 상위에 있다고 보았으며, 이것들에 반하는 법률이나 정책은 무효라고 여겼다.

이들 율법은 기독교 교단에서 주창되었다고는 하지만, 종교나 민족, 시대의 다름에 상관없이 대체로 납득되는 것일 터다. 앞에서 쓴, 근세에 주권론을 확립한 보댕도 주권은 자연법에 복종해야 한다고 주장했다.

자연법론은 근대에 이르면 '인간의 본성'이라는 것에 의해 근거가 부여되고 설명되었다. 그렇다면 '인간의 본성'이란 무엇일까?

"사람은 생래적으로 사교적이다(그러니 평화롭고 사교적이어라)."(후고 그로티우스) "사람은 자신의 몸을 소유한 채로 태어났다(그러니 자신의 몸을 보전해야 한다)." "사람이 자력 노동으로 획득한 것은 그 사람의 정당한 소유물이다(따라서 타인은 그것을 침해해서는 안 된다)."(존 로크) 등등, 이른바 근대 자연법론자들에 의해 여러 가지 것들이 '인간의 본성'으로 지적되어 자연법의 근거가 되었다.

그러나 이 '인간의 본성'이라는 개념은 모호한 것이다. 왜냐하면 사람에 따라 뭐든 말할 수 있기 때문이다.

예를 들면 "사람은 사교적이다. 아무 부족함 없이 살아도 교류하는 경향이 있다."고 생각하는 사람도 있지만, "만인은 만인에 대해 늑대다. 사람은 본래 자신이 살아남기 위해 타인을 강압하여 희생시켜도 상관없다고 생각한다."(토머스 홉스)고 생각하는 사람도 있다. 또한 "개인의 자기노동의 소산인 소유권은 지켜져야 한다."는 자연법은 자본주의 사회에 사는 사람들에겐 지극히 당연한 룰로 여겨지겠지만, 반면에 "원래 인간은 소유권이란 것을 갖지 않았고 그런 시대는 모두가 평등해서 좋았다. 소유권 같은 것이 생기고 나서부터 불평등, 빈부격차, 지배-예종이라는 사악한 것이 생겨났다(따라서 소유권을 모두 공동체에 양도시켜라)."(장자크 루소)고 반론하는 사람도 있다.

이리되면 '인간의 본성'이란 것은 객관적·보편적으로 존재한다기보다 주장하는 사람의 사고방식이나 캐릭터, 그리고 국가의 특색, 시대 배경에 좌우되는 주관적인 것이라는 느낌이 들며, 보편·불변의 법 근거로는 아무래도 미심쩍은 것으로 보인다.

전 인류에 공통되는 양심이란 게 있을까?

그리고 또 하나, 자연법론이 근거로 삼는 것이 '인간의 양심'이다. 그러나 사람이 사람인 이상, 시대를 초월해 보편적이라 할 수 있는 양심이란 무엇일까?

2019년 1월, 아동이 부친에게 학대당하다 살해되고, 더욱이 학교와 시교육위원회, 아동상담소가 학대 실태를 파악하고 있었음에도 구하지 못한 끔찍한 사건이 밝혀졌다. "(어떤 사건에 대해) 웃어넘기거나, 성내거나, 슬퍼하거나, 개인적으로 차이가 있겠지만, 이 뉴스에 관해서는 모두 한 덩어리가 되어 분노하고 있습니다."라고, 요즘 시니컬한 대사로 큰 인기를 얻고 있는 예능인이 진지하게 코멘트했다. 나도 이 사건을 알게 된 뒤 시교육위원회와 아동상담소의 잘못된 대응에 대해 정말로 화가 났지만, 무엇보다도 용의자인 아버지가 "훈육이었다."며 친자식을 고문에 가까운 학대로 죽게 한 것에 이루 말할 수 없을 만큼 분노했다.

아마도 이 사건을 안 일본인은 거의가 이 부친의 소행을 무조건 용서치 않고 분노했을 것이며, 해외의 인권단체가 비판한 것도 당연한 일이었다. 현대 세계에서는 부모가 친권을 방패 삼아 아이를 지배하고, 폭력과 학대로 상처 입히고, 최악의 경우 죽이는 것은 절대악으로서 결코 용서할 수 없다는 감정을 거의 모든 사람이 가지고 있을 것이다. 성인은, 그리고 특히 부모는 약한 존재인 자식을 상처 입혀서는 안 된다는 감정은 현대의 인류에게 공통된 양심 중 하나로 생각된다.

그런데 이 감정도 시대에 따라 달랐다. 현대처럼 아동의 인권을 인정하고 성인이 그것을 확고히 지키려는 사상이 침투한 시대에는 당연한 것으로 여겨지지만, 일단 타임머신 같은 것을 타고 가령 고대 로마로 가보면 그곳에는 현대와는 전혀 다른 세계가 펼쳐져 있었다. 그곳에는 가부장제라는 것이 있어, 가족은 하나의 군단, 아버지는 가부장이라는 이름의 군단장, 아내와 자식과 노예는 그 부하로 치부되고 있었다. 그래서 아버지는 아내와 자식이 자신의 뜻에 반하는 행위를 할 경우 제재를 가하고 때로는 죽여도 법률상 죄가 되지 않았다. (단, 도덕적으로는 비난을 받았지만.)

필립 아리에스(Philippe Ariès: 1914-1984)라는 역사학자에 의하면, '아동'이라는 개념은 유럽의 경우 18세기 중반이 되어서야 비로소 생겨났다고 한다. (앞에서 거명했던 루소가 『에밀*Emile*』이라는 교육서를 썼을 때에 처음으로 '아동'이 발견되었다고 한다.) 그것은 이 무렵 육아를 하는 사람들이 유아의 연약함·사랑스러움을 감지하고, 나아가 유소아(幼少兒)를 학교에서 올바르게 가르쳐야 한다는, 교육에 대한 관심이 생겨났던 것에 기인한다. 하지만 그 이전까지 유소아는 단지 '작은 성인'으로밖에 여겨지지 않았다. 즉, 유아는 어머니 또는 유모의 돌봄이나 요람 없이 생활할 수 있게 되면 곧바로 성인의 세계에 소속되어, 성인과 똑같은 옷을 입고 똑같은 놀이를 하며 똑같은 사물을 보거나 들었던 것이다.

당연히 '아동의 인권'이라는 발상이 없던 시대였기에 '작은 성인'은 때로는 성인의 놀이 도구로서 공처럼 발로 차이기도 했다. 그런 시대를 살았던 사람들은 "약하고 무력한 존재인 아이를 상처 입혀서는 안 된다."는 현대 성인의 의무감 같은 것은 생각도 하지 못했을 것이다.

이처럼 시대와 민족을 초월하여 전 인류가 태어나면서부터 공통으로 가지고 있는 양심이라는 것을 찾아내기란 지극히 어렵다. 문명의 발달이 현대 인간의 다양한 양심을 만들었다고 할 수 있으며, 앞으로 과학기술이 더욱 발전하면 지금은 상상도 하지 못한 양심의 대변화가 일어날지도 모른다.

자연법론의 재평가

오늘날 일본에서도 서양 국가들에서도 자연법론자는 그리 많지 않다. (일본에서는 메이지시대에 도입되었을 무렵 '성법[性法]', '천연자연의 법' 등으로 번역되었는데, 서양만큼 법학자나 법률가 사이에 널리 침투하지는 않았다.) 이유는 앞에서 말한 대로 자연법의 존재를 객관적으로 제시하기 어렵다는 걸 알게 되었다는 사실, 더욱이 과거의 자연법론자들이 주장한 내용이 대부분 인권법전이나 헌법으로 명문화되고 체계적으로 정비된 각국의 실정법 체계 속에 편입되었다는 사실에 말미암는다.

이렇듯 현대는 일단 법실증주의, 즉 자연법이나 도덕과 같은 '보이지 않는·주관적인' 사상을 부정하고 법을 합헌적 입법 절차에 따라 제정된 실정법으로 한정하는, 그리고 실정법을 도덕으로부터 준별하는 사고방식이 지배적으로 된 것 같다.

물론 현대의 속도 빠른 일상생활 속에서 분쟁에 휘말리지 않고 자유로운 활동을 하고 싶은 사람에게는 (논자나 시대의 차이에 따라 다르다.) 복수의 애매한 규범보다는 확실하게 명문화된 하나의 룰북만을 유효화한 쪽이, "내가 이렇게 하면 제재를 받을 테니 그만두자·상대가 이렇게 나오면 내가 손해를 보지 않도록 이렇게 하자." 등등을 결정하는 데 유용할 것이다. (이런 것을 예측가능성, 계산가능성이라고 한다.)

그러나 제정된 법률이 도덕과 관계없다고 해서 매우 반도덕적(예컨대 특정 사람들을 차별하는 것 등)이거나 불합리한 내용의 법률을 의회에서의 개폐가 없는 한 그대로 유효한 것으로 놔두는 것도 능사가 아니다. 평소부터 의회 제정법에 대해 늘 비판적이고 경계심을 갖고 관여하는 것도 중요하며, 이를 위해 실정법이 '좋은' 내용을 갖기 위한 조건에 대해 생각해봐야 할 것이다.

또한 오늘날 과학기술 발전 속도는 눈이 부시게 빠른데, 그것에 입법이 좀처럼 따라가지 못해 대처법이 없는 채로 지금껏 상상도 못 했던 타입의 분쟁에 휘말리는 일도 적지 않다. (자율주행차에 사람이 부딪혔을 경우 누가 책임을 질 것인가 등.) 그 같은 경우에 법률이 없더라도 누구를·무엇을 어떻게 지켜야 하는가에 대한 확고한 지침을 가지고 있을 필요도 있다.

그런 이유들 때문에 자연법이라는 발상에는 여전히 고려할 만한 의의가 있을 것이다. (이를테면 오늘날 미국의 존 피니스[John Mitchell Finnis]라는 법학자는 '신자연법'을 적극적으로 제기하고, 사람이 충실한 삶을 영위하기 위해서는 7가지의 기본 선[善]인 '삶·지식·미적 경험·사교·실천적 적리성[適理性]·정신적인 경험으로서의 종교'의 확보가 필요하다고 주장한다.)

본래 '인간의 존엄'이란 무엇인가?

입법이 따라가지 못하는, 혹은 입법이라는 방법이 어울리지 않는 문제 영역이 있다. 그런 분야에서 사람들의 행동지침을 생각하는 방법으로서 자연법을 다시 파악할 필요가 있을 것이다. (예를 들면 생식의료기술, 임종의료, AI와 인간의 관계, 클론기술의 적용, 정보화의 진전에 수반하여 생기는 새로운 범죄 등.) 오늘날 자연법에 대해 이해를 표하는 학자들은 자신의 체계적인 이론을 피력하기보다는 '기본적 인권의 존중'이나 '인간의 존엄'을 중시하고, 그것들을 현실 문제에 대한 대응이나 정책 결정, 입법, 법해석에 어떻게 적용할 수 있는가 논의를 하고 있다. 이는 좋은 방향이라고 생각한다.

다만, 그럴 때 마음에 걸리는 것이 '인간의 존엄'이라는 개념이다. 법학부에서는 강의를 할 때나 세미나를 할 때나 마치 습관적 수식어처럼 자주 쓰고 있는 말이지만, 그 의미를 확실히 파악하고서 사용하고 있는지는 의심스럽다. 이것은 의미가 애매한 채로 사용하면 하나의 문제에 대해 완전히 정반대의 답이 도출될 가능성이 있는 말이다. 이 장의 마지막은 이 양의적(兩義的)이라고도 할 수 있는 애매함, 그러나 앞으로의 자연법에서 매우 중요한 의의를 갖는 개념을 분석하기로 한다.

먼저 '존엄(dignity)'이라는 말을 어떻게 파악하는지가 문제가 된다. dignity는 영한사전을 찾아보면 '존엄'이라는 역어와 함께 '품위', '위엄' 등의 역어도 나온다. 'beneath one's dignity'라는 관용구에 '품위에 어울리지 않다'는 번역이 붙어 있는 걸 보면, '존엄'이라는 알기 어려운 말보다는 오히려 '품위'라는 말로 바꾸는 편이 좋을지도 모르겠다. 그렇게 하면 '인간의 존엄'이란 (단순한 동물과는 다른) 인간 특유의 품위라는 의미가 된다. 즉, 인간이 (단순한 개·고양이나 가축 등으로부터 구별되는) 인간으로서 인정받기 위한 품위라는 것이다.

그러면 인간 특유의 '품위'란 무엇일까? 다양한 내용을 열거할 수 있겠지만, 모든 사람이 가장 명백히 이해하는 바는 노예화되지 않는 것, 즉 자유를 박탈당해 타인에게 지배당하거나 물건 취급을 받지 않는 것이다.

그다음에는 이 존엄(품위)과 인간의 관계가 문제가 된다. 인간과 존엄을 연결하는 '~의' 의미를 어떻게 해석하는가다. 해석에는 적어도 두 가지가 있다. 하나는 인간 안에 갖추어져 있는 존엄이라는 의미, 또 하나는 인간이 존엄을 소유하고 있는 상태, 라는 의미다. 전자처럼 해석하면 ① 존엄이라는 가치가 독립적으로 존재하고, 인간은 그것을 담고 있는 용기(容器)가 된다. 후자라면 ② 인간이 존엄을 갖고 행동하는 것이라는 의미가 된다.

'인간의 존엄'을 ①의 의미로 파악하면 인간은 용기로서 그 안에 있는 실질가치인 '존엄(품위)'을 지켜야 할 의무를 갖게 된다. 이는 인간보다 가치 쪽을 중시하는 견해이므로 '가치 지향형 존엄관'이라고 이름하는 학자도 있다. ②의 의미로 파악하면 인간이 '존엄(품위)'을 갖고, 즉 언제나 타인에게 개입당하지 않고 자신의 이성을 스스로 사용하여 자신의 의사로 사고하고 행동할 수 있어야 한다는 뜻이 된다. 이는 인간이 자신의 주체성을 행사하는 것을 최우선하기 때문에 '주체성 지향형 존엄관'이라 부르기도 한다.

자발적인 매춘은 해도 되는가 안 되는가?

이 ①과 ②의 결정적 차이를 알기 쉽도록 "자발적 매춘은 '인간의 존엄'에 반하는가 아닌가?"라는 질문에 대한 각각의 견해로부터 답을 해보자.

①이라면 매춘 행위 그 자체가 자신의 신체를 상대의 성적 충족을 위한 수단으로 깎아내리는 것이며 이는 인간 안에 있는 '존엄(품위)'이라는 가치를 손상하는 것이므로 자발적일지라도 절대로 해서는 안 되는 짓이 된다. 그런데 ②라면 인간이 타인

에게 간섭당하지 않고 자신의 이성으로 사고하여 자신의 의사로 행위 선택하는 것을 최우선한다고 보기 때문에, 타인에게 강제되지 않고 자기 자신의 자율적 사고와 판단으로 매춘 행위를 선택한다면 그것은 인정이 된다. 그 같은 선택을 타인이 억지로 금지하는 것이야말로 '인간이 존엄을 갖고 살아가는' 것에 반하게 된다.

이처럼 '인간의 존엄'이라는, 그 자체 애매한 용어에는 두 가지 답이 나온다.

①과 ②의 해석 중 어느 쪽이 옳은가 하는 것은 딱 잘라 말할 수 없다. 그러나 그 각각을 일반화했을 때 도출되는 귀결에 대해서는 상상할 수 있다. ①의 개인의 주체성보다 지켜져야 할 가치 쪽을 우선하는 견해는 국가가 특정한 가치관을 결정하고 그것과 연결된 삶의 방식을 사람들에게 강제할 경우에 이용될 가능성이 있다. 반면에 ②의 주체성을 우선하는 견해는 충분한 판단능력을 가진 개인의 자율적인 사고와 선택을 보장할 것이다. 다만, 그 적용은 어디까지나 충분한 식견과 이성과 판단능력을 갖춘 성인으로 국한될 테지만.

존엄사라는 말의 영어 표기는 'death with dignity'다. '존엄을 동반하여'의 with의 의미 이해에 대해서도 역시 앞에서 말한 두 가지 가능성이 있을 것이다. 인간으로서 품위를 지키면서 죽는 것인가, 아니면 인간이 타인에게 개입당하지 않고 자신의 사고와 의지로 자신의 죽음을 선택하는 것인가. 만일 후자라면 2018년에 사망한 니시베 스스무(西部邁)의 '자재사(自裁死)'(자립하는 정신에 기초하여, 죽을 의지와 힘이 있는 동안에, 사회에 폐를 끼치지 않도록, 때와 수단을 정해 스스로 죽는 것) 또한 존엄사의 한 방식이 된다.

왜 클론인간을 제작해서는 안 되는가?

또 하나 생각해보고 싶은 문제가 있다. '존엄'을 앞에서 쓴 것처럼 파악하면 클론인간 제작 금지라는 '상식'도 의심스러워진다. 왜냐하면 금지의 이유로서 결정적인 근거처럼 열거되는 말이 "인간의 존엄에 반한다."는 것이기 때문이다. 그러나 어디가 반하고 있다는 것인가?

금지론자는 클론인간이 원(元)인간의 복제이기 때문이라고 말한다. 클론인간은 본체의 체세포에서 핵을 빼내어 역시 핵을 빼낸 미수정란에 이식하고 그 란(卵)을 자궁에 들여보내 성장시킴으로써 제작된다. 따라서 명백히 DNA는 본체와 같지만 그렇다고 해도 인격까지 동일해지는 것은 아니므로 클론인간도 다시 없는 유일무이한 개인이다. 또한 '존엄'이라는 말을 앞에서 적은

②의 의미로, 즉 본인의 자율적인 사고와 선택이 타인에 의해 방해받지 않는 것으로 이해하여 클론인간에게도 그것을 보장한다면, 그·그녀의 존재가 '인간의 존엄'에 반한다고는 할 수 없다. 태어난 방식이 어떠하건 태어난 존재를 단순한 수단으로 다루지 말고, 그 의사의 자유를 존중하고 독립된 인격으로 기른다면 클론인간을 제작해도 상관없지 않을까?

가치관이 다양화하고 있는 오늘날, 특정한 실질적 내용을 주장하는 타입의 자연법론은 아닌 게 아니라 만인에 대한 설득력이 떨어지고 있다. 그러나 과학기술과 의료 등 진전이 눈부시게 빨라서 입법이 미처 따라가지 못하는 영역에서는 그것들과 인간이 어떻게 관계해야 하는가에 대한 방향 설정이 필요하며, 이를 위해 자연법이라는 발상을 활용할 수 있다고 서술한 바 있다.

그러기 위해 먼저 이 개념의 핵심인 '인간의 존엄'을 어떻게 이해해야 하는가, 인간에게 고유하게 갖추어져 있다고 하는 그 어떤 실질적 가치를 지킨다는 것인가, 아니면 개인의 자율적인 사고와 선택을 최우선한다는 것인가, 하는 점부터 명확히 해야 한다.

변화의 속도가 빠른 시대이기 때문에야말로, '자연법론'과 '법실증주의' 각각의 입장에서 법을 근본부터 생각하는 사고가 중요하다.

제3장

고소득은
재능과 노력
덕분?

― 정의를 둘러싼 물음

Q: 정의가 없어도 지구는 돈다?

Q: 누구나 납득하는 '공정한 사회'의 조건은
있는가?

정의라는 것은 왠지 수상쩍다?

정의라는 말을 정말 좋아하는 사람이 이 세상에 얼마나 있을까? ('正義[마사요시]*라는 이름을 가지신 분에겐 죄송합니다. 잠시만 참아주시길.)

어릴 때는 이른바 정의의 편인 히어로를 열렬히 응원했던 사람들도 성장한 뒤 사회의 이런저런 사정을 알게 됨에 따라, 정의라는 말이 퇴색해 보이고 왠지 멋쩍고 수상쩍은 것으로 생각하게 되지는 않았는지? 왜냐하면 정의를 내세우는 사람일수록 실은 그 이름하에 자신의 이익을 정당화하고 관철시키려는 것처럼 보이는 경우가 많기 때문이다. 자신의 신념이나 이익을 절대적으로 옳다고 주장하는 사람은 자신과 다른 주장이나 의견이 있

---

* 한국계 일본의 대사업가인 손정의(孫正義)가 그러한데, 그는 일본명으로 손 마사요시다.

는 것을 인정하려 들지 않는다. 게다가 적대하는 상대에 대해 공격적, 폭력적으로 되는 경향이 있다.

전형은 모모타로(桃太郎)일 것이다.[*] 또한 자국의, 라기보다 자기 정권의 이익을 위해 타국에 무력 개입하는 나라도 그렇다. 임신중절을 살인이라고 생각하는 사람들이 중절을 청부 받은 클리닉을 습격하는 예도 있다. 난폭 운전범도 "이런 식으로 올바른 운전 방법을 가르쳐준 거다."며 오히려 큰소리친다.

이래서야 정의의 체면이 서지 않는다. 사어(죽은 말)가 되어버린 것 같다. 하지만 정의라는 것을 이런 식으로 각 개인의 확신이나 자기 이익을 바꿔서 표현하는 말이라고 단정해버려도 정말 괜찮은 걸까?

---

* 일본 옛날이야기의 주인공으로 복숭아에서 태어났다고 해서 모모타로(桃太郎)라는 이름이 붙었다. 성장하여 개·원숭이·꿩을 데리고 오니(鬼: 도깨비) 섬으로 쳐들어가 오니들을 소탕하고 금은보화를 찾아 돌아와 행복하게 살았다는 이야기다. 태평양전쟁 때에는 군국주의 사상을 배경으로 용감함의 비유로 회자되었는데, 미국·영국을 도깨비로 하는 '귀축미영(鬼畜米英)'이 슬로건으로 이용되었다. 그러나 모모타로를 영웅으로 떠받드는 것에 강한 반감을 가진 사람들도 있다. 계몽사상가인 후쿠자와 유키치(福沢諭吉: 1835-1901)는 '모모타로 도인(盜人, 도적)론'을 말하면서, "모모타로는 폭력으로써 오니를 습격했고, 비록 오니가 악인이었다고 해도 보물까지 약탈한 것은 오니의 권리를 침해한 것이다."라고 했고, 일본의 대표적 소설가인 아쿠타가와 류노스케(芥川龍之介: 1892-1927)는 「모모타로」라는 제목의 단편에서 모모타로를 평화롭게 사는 오니 섬의 오니들을 일방적으로 학대하고 오니들의 재산을 하나도 남기지 않고 빼앗은 대악인으로 묘사하고 있다.

정의의 원점, 그것은 재판

정의의 영어 'justice'를 사전에서 찾아보면 '재판'이라는 의미도 있음을 알 수 있다. 실제로 일본의 대법원 외에도 세계 각지의 법원에는 정의의 여신상이 설치돼 있는 듯하다. 이 상(像)은 오른손에 검을, 왼손에는 천칭을 들고서 눈을 감고 있든가 눈에 가리개를 하고 있다. 천칭은 원고·피고의 대립하는 주장을 공평하게 다루는 것, 검은 정의의 행사를 나타낸다.

이 상이 의미하고 있는 바는, 정의의 행사란 자신의 말이 옳다고 믿어 의심치 않는 대립의 양 당사자를, 천칭 이외의 기준으로 판단하지 않고 공평하게 다루겠다는 것이다. 눈을 가린 의미는 (여러 설이 있지만) 여신이 양 당사자에 대해 예단이나 선입견, 편견을 갖지 않도록 하기 위함이라고 해석된다. 양자의 용모 등 불필요한 정보가 들어오면 판단이 왜곡되어버리기 때문이다.

절세의 미녀가 눈가에 물기를 띠며 "저, 저 사람이 나쁩니다. 저는 잘못이 없습니다."라고 말하자, 판사가 "아, 그래. 당신은 전혀 잘못이 없소. 모든 건 악당 얼굴을 하고 있는 저자가 나쁜 것이오! 기후 이변도 주가 폭락도 전부 저자 탓. 좋소, 저자를 극형에 처한다!"처럼 되면 너무나도 불공평할 것이다. 정의란 본래 공평한 재판을 하는 것이다.

재판, 곧 정의의 실현은 뭔가 부정이 생겨났을 때 이뤄진다. 법과 재판은 그 부정으로 인해 발생한 손해를 보상하는 형태로 정의를 실현한다. 재판은 타인을 상해한 자에게는 그 상해에 맞는 형벌을 주고, 타인에게 손해를 준 자에게는 그 손해에 걸맞은 손해배상을 지불케 하는 형태로 정의를 바로잡는다.

정의란 본래, 이해(利害)와 주장이 서로 다른 사람들을 어떻게 공평하게 다룰 것인가, 또 이미 발생한 부정을 없애고 원상회복(원래대로 돌림)하려면 어떻게 해야 하는가를 추구하는 것이다. 그 원점은 고대 그리스의 신화에 등장하는 디케(Dikē)라는 여신이었다. 디케는 그리스 신들의 정점에 있던 제우스의 딸인데, "각인에게 그 사람에 상응하는 것을 주어라."고 말하여, 각각의 사람들에게 합당한 재산과 명예를 줄 것, 그리고 부정을 범한 자에게는 그에 마땅한 형벌을 줄 것을 명했다.

그래도 우리는 '부정'에 분노한다 ─ '정의'의 의미 1

"정의란 건 그래봐야 독선이겠지."라고 삐딱하게 생각하는 사람도 올바름을 의식하지 않을 수 없을 때가 있다. 예컨대 학생의 경우, 자신은 정정당당하게 시험을 치렀는데 커닝으로 학점을 취득한 자가 있음을 알았다면 "부정이다!"라고 호소할 것이다. 그것, 바로 그 '부정'이라는 말이다. 엉겁결에라도 '올바르지 않다'고 말했다는 것은 그 사람에게 이미 어떤 '올바름'의 감각이 갖추어져 있다는 뜻이다.

여러분은 어떨 때 자기도 모르게 "부정이다!" 또는 "허용할 수 없다."는 말이 튀어나오는지 상기해보기 바란다. 타인의 물건은 뭐든 빌리는 주제에 자신의 물건은 어느 것 하나 빌려주지 않는 자, 자신의 지위와 입장을 이용해 제 자식을 뒷구멍으로 대학에 입학시키는 문부과학성의 관료, 모두가 (내고 싶지 않은데) 납세하고 있는(하게끔 되어 있는) 가운데 몰래 탈세하는 자, 지위를 이용해 부하에게 성적 관계를 강요하거나 당치 않은 일을 시키는 자…… 등등.

아무래도 '정의'에 대해 확실히 이해하려면 그런 일상적인 '부정'에 대한 분노의 감각에서부터 접근하는 것이 좋을 듯하다. '부정'을 뒤집으면 '올바름'이, 그리고 단순한 독선과는 다른 '정의'의 의미가 보일 것이다.

따라서 먼저 '어쨌거나 용서할 수 없는 행동'이란 어떤 것인가를 생각해보면 좋을 것 같다. 앞에서 열거한 여러 사례들에서 공통된 점은 어떤 룰에 따라 모두가 게임을 하고 있는 가운데 자신이 이기기 위해, 혹은 자신의 이익을 위해 그 룰을 왜곡하고 있는 경우다. 즉, 누군가 '부정'이라고 생각하는 경우란 A의 정황과 B의 정황이 같은데 명확한 이유 없이 차별적인 대우를 받을 때다. "나는 두목(오야붕)이 되기 위해 태어난 것 같다."고 큰소리치며, 자신이 정점에 군림하기 위해 교활한 전략을 구사하여 조원들을 이용하고 희생시킨 야마모리파(山守組) 조장이 그 전형이다. (영화 〈의리 없는 전쟁〉*에 등장한다.)

이 '부정'을 막는 것, 거기에서 '정의'에 대한 공통 이해가 시작된다. 그렇다면 먼저 다음과 같은 것이 '정의'의 첫 번째 의미라고 볼 수 있다. ① "A의 경우와 B의 경우가 같을 때 이유 없이 한쪽을 차별적으로 취급"하는 행동양식을 부정한다, ② 만일 차별적으로 취급할 때에는 누구나 납득할 수 있는 이유를 제시해야 한다, ③ 다른 사람은 절대로 안 되는, 특정 개인을 특별 취급하는 룰을 금지한다.

요컨대 "동등한 사람을 동등하게 취급하라."는 것이다. 법철학자는 이를 '형식적 정의'라고 부른다.

---

* 〈仁義なき戦い〉. 1973년에 상영된 일본의 야쿠자 영화. 야쿠자 동료들 간의 항쟁을 소재로 하며, 동료를 배신하고 또 배신당하며 살아갈 수밖에 없는 젊은이들의 투쟁을 그리고 있다.

"정의가 없어도 지구는 돈다?" 음, 하지만…… — '정의'의 의미 2

여기서, 감이 좋은 여러분은 '형식적'인 정의가 있으면 '실질적'인 정의라는 것도 있겠지? 하고 알아챘을 것이다. 물론이다.

여기서 여러분에게 한 가지 질문을 해보자. 당신이 사는 나라가 평화롭고 안정돼 있으며 국민 한 사람 한 사람의 안전과 경제적 풍요가 보장되어 있다면, 개인의 정치적 자유와 언론·표현의 자유를 빼앗기고 독재정치가 행해지고 있어도 상관없는가?

"상관없다."고 답하는 사람에게는 정의가 특별한 게 아닐 것이다. 그러나 "그런 건 왠지 싫다."고 생각하는 사람에게는 '실질적 정의'가 필요하다.

공공적 제도나 정책이 '좋다'고 평가되기 위한 가치척도에는 여러 가지가 있다. 평화는 당연히 중요하고, 경제적·문화적 풍요, 커뮤니티의 결속과 연대감 등등도 중요 항목이다. 그리고 정의도 그 가치척도의 하나다.

하나 정도라면 딱히 없어도 좋지 않을까, 하는 사고방식은 물론 있을 수 있다. 바로 "정의가 없어도 지구는 돌겠지?"이다. (내가 더없이 사랑하는 만화 『블랙 라군』의 멋진 주인공 레비의 애드립이

---

* 일본의 하드보일드 갱스터 만화. 2002년 4월 19일부터 〈월간 선데이 GX〉에서 연재 중이다.

다. 단, 여기서 논하고 있는 내용과는 의미가 다르지만.)

그러나 풍요롭고 평화롭고 안전하고 안정돼 있어도 국민의 언론 및 정치적 표현의 자유가 일체 봉쇄되어 있다면, 정부의 부정을 알아도 항의할 수 없고, 아니 애초에 부정이 있는지조차도 알 수 없다. 세상이 이상한 방향으로 돌아가는 것을 깨달아도 그것에 경종을 울리고 저항하는 것도 불가능하다. 아무리 나날의 생활이 만족스럽더라도 그런 건 왠지 싫다, 비록 고통스러운 점이 있을지라도 개인의 자유를 인정하는 쪽이 훨씬 낫다고 생각하는 사람은 이미 '실질적 정의'를 요구하고 있다고 봐야 할 것이다.

'실질적 정의'란 단지 안락하기만 한 사회를 긍정하지 않는 데서 나아가 사회가 '올바르게' 존재할 것을 바라는 소리에 부응하는 것이다. 예컨대 어떤 이유로든 차별은 나쁘지 않은가? 사회 다수자의 행복을 위해 소수자의 권리를 유린하는 것은 잘못된 것이 아닌가? 자유시장경제는 물론 바람직하지만 부의 분배를 전적으로 시장의 사정에 맡겨놓아도 되는가? 그 결과 발생하는 빈부격차와 재난지역의 곤궁함을 그대로 방치해도 되는가? 등등의 의문을 품고 그런 사태들을 어떻게든 수정해야 한다고 강하게 바라는 사람에게, 정의는 사회 가치척도의 단순한 한 가지가 아니라 다른 척도와 격이 다른 대전제가 되어야 할 것이다.

예를 들어, 어떤 사회에나 반드시 빈부의 격차가 있다. 이를 "재능이 있고 열심히 노력한 사람이 부자가 되고, 재능이 없고 분발하지 않은 사람이 결국 가난해진 것이니 어쩔 수 없다."고 마침표를 찍어도 좋을까? 물론 세상에는 잠을 아껴가며 일하는 사람과 게으름뱅이가 존재한다. 본인 탓이라는 요소도 없지는 않다.

하지만 현대의 빈부격차는 그러한 인간의 성격이나 의사에서만 유래하는 것은 아니다. 인생의 출발점부터 불공평한 것이다. 태어난 집안이 대부호이고 더욱이 그 나라의 다수자인 까닭에 차별을 받지 않고 유아기부터 풍부한 자금으로 고도의 교육을 받고 커서는 셀럽(celebrity: 유명인사) 그룹에 들어가는 사람도 있지만, 빈곤한 가정에서 태어나 소수자라는 이유로 차별을 받고 능력이 있어도 학교를 마음대로 다닐 수 없는 까닭에 스킬을 습득하지 못하여 빈곤으로부터 탈출하지 못하는 사람들도 있다. 어떤 가정에서 태어나는가는 본인의 탓이 아니므로, 하다못해 그 스타트라인의 부당한 격차를 가능한 한 줄이려는 정책이 필요하지 않을까?

이 같은 사고방식은 단지 부정을 바로잡는다든가 "동등한 사람을 동등하게 취급한다."는 의미에서의 '형식적 정의'를 넘어, 사회가 더욱 '올바르게' 존재해야 한다는 '실질적 정의'의 한 예이다.

분배적 정의를 묻는 현대 — '정의'의 의미 3

앞에서 쓴 '정의의 원점, 그것은 재판'이라는 이야기에서, 부정을 바로잡는다는 의미에서 정의의 원점이 그리스 신화의 여신 디케가 "각인에게 그 사람에 상응하는 것을 주어라."(따라서 "부정을 행한 자는 심판과 형벌을 받아야 한다")는 율법이었다고 했다. 이 디케의 명령은 고대 그리스의 어떠한 폴리스(도시국가)에서도 사람이 만든 법을 초월하는 절대적인 것으로, 왕과 귀족이라 할지라도 따라야 하고 만일 위반하면 그 자의 가문이나 폴리스는 반드시 망한다고 할 정도의 권위를 갖고 있었다.

이윽고 어떤 대철학자가 이 디케의 내용을 분석하여 정의의 내용을 상세하게 분류해주었다. 아리스토텔레스(Aristoteles: BC 384-BC 322)다. 그는 정의를 다음과 같이 분류했다.

적법적 정의 — 법에 따라 행위하는 것
특수적 정의 — 평등을 실현하기 위한 이론
　　　　　① 분배적 정의 — 각인의 가치에 따라 부와 명예를
　　　　　　　　　　　　주는 것
　　　　　② 교정적 정의 — 발생한 불평등을 원상회복하는 것
　　　　　③ 교환적 정의 — 공동체 내에서 다른 재물을 교환

하기 위해 등가(等價)하는 것

보다시피, 그의 특수적 정의 가운데 ① 분배적 정의는 "각인에게 그 사람에 상응하는 것을 주어라."는 디케의 율법 그 자체다. 또한 ② 교정적 정의는 발생한 부정을 해소한다는 의미에서 디케와 관련돼 있다. 아리스토텔레스의 이 분류는 정의를 말할 때 반드시 참조하지 않으면 안 되는 것으로, 현대에서도 진부하기는커녕 지금도 철학자들 사이에서 논의의 초점이 되고 있다.

이 분류가 현대에서도 논의의 초점이 되고 있는 이유는, 분배적 정의의 "각인의 가치에 따라 부와 명예를 준다."는 정의의 의미에 대해 다양한 의견이 다투고 있으며 답이 일치하지 않기 때문이다. 문제의 용어는 '가치'다. 그것은 분배 기준을 가리키지만, 대체 사람의 어떤 점을 기준으로 생각하는가 하는 점에서 견해가 대립하고 있다.

예를 들어 "각인의 공적에 따라서"라는 견해도 있고, "각인의 커리어에 따라서"라는 견해도 있다. 그런가 하면 "각인의 필요에 따라서", 즉 필요도가 높은 사람일수록 많은 부를 받아야 한다는 견해도 있다. 이 입장에 서면 많은 공적을 올린 사람일수록 많은 보수를 받아야 한다는 견해와 충돌하게 될 것이다. 또한 '공적'이라고 해도 대체 무엇을 공적이라 할 것인지, 그 점에서도 대립이 일어날 수 있다.

현대에 이 각인의 '무엇'에 따라 부와 명예를 분배하는가 하는 문제를 둘러싸고 다양한 그리고 정치한 이론을 계속 만들어 내고 있는 것이 현대 정의론의 논쟁 영역이다. 이 현대 정의론 논쟁의 도화선에 불을 댕긴 사람은 미국의 철학자 존 롤즈(John Rawls: 1921-2002)였다.

존 롤즈 — 불우한 사람들에게 최대의 이익을

1950년대의 미국에서는 일반 공공시설의 사용에 대해 백인과 비백인을 구별하는 차별적 법률이 시행되고 있었다. 그러던 중 앨라배마주 몽고메리에서 백인에게 버스 좌석을 양보하지 않았던 흑인 여성이 체포되는 사건이 벌어졌다. 이 사건에 분노한 마틴 루서 킹(Martin Luther King) 목사는 버스 보이콧 운동을 호소했고, 이에 호응한 흑인들은 버스에 타지 않는 항의운동을 1년 이상 계속했다. 그것이 주효하여 1956년 연방대법원은 마침내 교통기관에서의 인종차별적 대우를 위헌이라고 판결했다.

버스 보이콧 사건을 계기로 공민권운동(비백인에게도 백인과 평등한 권리를 줄 것을 요구하는 운동)은 미국 전역으로 확산되었다.

킹 목사가 그 운동을 이끌어가는 모습을 눈앞에서 직접 본 사람이 청년기의 존 롤즈였다. 그는 그 경험으로부터 피부색, 인종, 성별, 가치관 등의 차이를 뛰어넘어 모든 사람에게 기본적 자유의 권리를 평등하게 보장하는 정치와 법의 원리를 파고드는 길로 들어서게 되었다.

동시에 그는 당시 상식으로 되어 있던 정치철학인 공리주의(개인의 권리보다도 사회 전체 복리의 최대화를 우선하는 주의. 제6장에서 논평한다)와도 싸우지 않으면 안 된다고 느꼈다. 최대 다수의 최대 행복이 중요하다고는 하지만, 이를 위해 권리와 자유를 유린당하는 사람들이 있어서는 안 된다고 보았던 것이다.

그리하여 롤즈는, 모든 미국 국민이 '대등한 시민'으로서 자존심을 지키며 각자의 가치관·라이프 스타일(이것들을 '선'이라 부른다)을 관철할 수 있는 자유의 권리를 보장받고, 또한 어느 누구의 자유와 권리도 희생하지 않고 사회 전체의 복리를 증대시킬 수 있는 정치적 사회의 원리를 새로운 시대의 '정의'로서 제기하기에 이르렀다.

나아가 그는 자신이 제기하는 정의의 원리가 사고방식이나 가치관의 차이에 관계없이 만인에 의해 합의될 것이라고 주장했다.

무지의 베일

롤즈의 정의 원리는 어떻게 만인의 합의와 지지를 얻어낼 수 있다는 것일까? 그는 사람들에게 다음과 같은 상상을 요구한다. 다양한 사람들이 모여 제로 상태에서 앞으로 자신들이 안심하고 살아갈 수 있는 사회를 만들기 위한 대화를 한다. 회의장에는 젊은이와 노인, 샐러리맨과 배우, 부자와 가난한 사람 등 여러 특징을 가진 사람들이 있다. 만일 이 사람들이 자신의 능력과 재능, 특징을 알고 있는 상태에서 어떤 사회를 만들지 대화한다면 어떻게 될까? 절대로 이야기가 하나로 정리될 리 없다. 모두가 각자 자신에게 유리한 사회를 바라기 때문이다.

부자는 "앞으로의 사회에서는 감세하든가 세금을 없애자."고 제안할 것이고, 가난한 사람은 "고소득자에게 많은 세금을 거두어 우리들의 생활을 좋게 만드는 사회를 만들어야 한다."고 주장할 것이다. 자신의 젊음과 체력에 자신이 있는 사람은 사회보장제도는 필요 없다고 말할 것이고, 몸이 약한 사람이나 일자리에 불안을 가진 사람은 생활 보호와 의료보험제도를 요구할 것이다.

그래서 롤즈는 이 회의에 참가하는 사람들에게 '무지의 베일(veil of ignorance)'을 씌우자고 제안한다. 이 베일을 씌우면 사람들이 신기하게도 자신이 가진 구체적 속성(자신의 인종, 민족, 성별,

출생, 집안, 능력, 가치관 등)을 새카맣게 잊어버린다는 가정하에.

그렇다고 회의장에 모인 전원이 머리를 강타당해 기억상실이 된 것은 아니다. 마치 기억을 잃어버린 것처럼, 즉 지금의 자신이 누구인지 모른다는 상정하에서 대화를 하라는 것이다. 이렇게 하면 어떤 타입의 사람에게든 유리하지도 불리하지도 않는 공공적 제안이 이뤄지고 논의가 정리되리라는 것이다.

누구나 합의하는(?) 롤즈의 정의 2원리

롤즈의 상정에서 중요한 특징을 또 하나 지적하자. 자신이 누구인지를 모르는(모른다고 되어 있는) 사람들은 바람직한 사회에 대해 어떻게 생각할까? 그 점에 대해 롤즈는, 누구나 장래에 대해 비관적이다, 즉 누구나 자신이 장차 병들거나 다치거나 실직하거나 피해자가 되는 등 괴로운 처지에 놓일지도 모른다고 염려하는 성향이 있다, 고 생각한다.

그러나 누구도 평생 자신만은 절대로 손해를 보고 싶어 하지 않는다, 는 점도 상정한다. 따라서 회의장 사람들은 만에 하나 자신이 최악의 처지에 빠졌다 해도 인간답게 프라이드를 지키며 생활할 수 있는 사회제도를 바라게 될 것이라고 한다.

그런 사람들이 결과적으로 전원일치 합의하는 것이 다음과 같은 정의의 2원리다. (롤즈는 생전에 몇 차례 이 2원리의 표현을 수정했는데, 기본적으로 바뀌지 않은 내용을 제시한다.)

제1원리: 누구나 가장 광범위한 기본적 자유들에 대한, 타인과 똑같은 자유와 양립하는 평등한 권리를 가져야 한다.

제2원리: 다음의 두 가지 목적을 충족할 경우에만 사회적·경제적 불평등이 설정된다.

① 가장 불우한 사람들에게 최대한의 이익이 되며, 결과적으로 전원의 이익이 되는 것이 합리적으로 기대되는 경우.

② 공정한 기회의 평등이 성립하고 있는 조건하에서 모든 사람이 여러 가지 직무와 지위에 대한 접근이 가능해지는 경우.

그리고 제1원리가 늘 우선된다. 제2원리는 제1원리의 실현에 도움이 되는 수단이다.

제1원리는 사상·신앙, 언론·집회·결사, 소유권 보유, 거주 이동 등의 자유권이 사회의 모든 사람들(인종, 민족, 성별, 가치관 등에 관계없이)에게 평등하게 보장될 것을 요구한다.

제2원리는 제1원리의 내용을 실현할 수 있도록, 이미 존재하는 빈부격차나 취직·진학에서의 불평등을 수정하기 위한 불평등 정책이 인정되는 조건을 제시한다.

제2원리 가운데 ①은 사회에서 최악의 처지(빈곤이나 실업 등)에 놓여 있는 사람들이 우선적으로 이익을 부여받고, 그런 다음에 여유 있는 사람들의 이익이 증가하는 것을 허용한다는 룰이다. 즉, 고소득자는 자신의 생활이 위협받지 않을 정도의 고액 세금을 내고, 그 돈이 우선 최악의 처지에서 살아가고 있는 사람들의 생활 지원과 회생에 쓰인다. 부유한 사람들은 그런 이후에 자신의 능력으로 더 벌라는 것이다. 이렇게 누진과세와 빈곤층에 대한 지원 정책이 정당화된다. 이를 '격차 원리'라고 부른다.

이는 앞에서 쓴, 아리스토텔레스가 폴리스의 구성원들에게 요구했던 덕(德)인 '우애', 즉 "살림살이가 곤궁한 타인에게 이익이 되지 않는다면, 자진해서 더 큰 이익을 바라지 말라."는 것의 현대적 구조화라고도 할 수 있다.

바로 앞에서 이야기한 롤즈의 상정, 즉 "사람은 누구나 장래에 대해 비관적이며, 또한 어떤 최악의 처지에 놓이더라도 인간답게 가슴을 펴고 살아가길 바란다."는 상정이 있기 때문에 사람들은 반드시 이 제2원리의 ① '격차 원리'에 합의할 거라고 말할 수 있었던 것이다. 그리고 누구나 비록 자신이 부당하게 차별받는 입장에 있더라도 대학 진학이나 원하는 직장에의 취직 기회가 평등하게 보장되기를 바랄 것이므로 ②에도 합의할 거라고 했다. ②를 '공정한 기회균등 원리'라고 부른다.

즉, 롤즈가 말하는 정의란 "기본적 선(자유, 기회, 소득, 자존심의 기초 등)에 대한 권리는 사회의 모든 사람들에게 평등하게 보장되어야 하"지만, "현실적으로는 빈부와 기회의 격차가 있으니 그것을 수정하기 위해 부유층으로부터 빈곤층의 이익을 위해 더 높은 세금을 징수하고, 또한 진학이나 취직에서는 지금까지 불리한 취급을 받아온 층을 우선적으로 대우하는 불평등 정책을 펴야 한다."는 것이다. 그리고 정치적 자유 등의 실질적인 평등을 실현하기 위해 세금으로 약소 정당을 돕는 것도 정당화되었다.

누구나 자신의 장래에 대해 비관적? — 맥시민 원리

롤스가 정의의 2원리를 정당화할 수 있었던 결정적 수단은 "누구나 자신의 장래에 대해 비관적이기 때문에 보험을 들고 싶어 한다."는 인간관인데, 이는 '맥시민(maximin) 원리'라고도 부른다. 일어날지도 모르는 손실을 가능한 한 최소한에 그치려는 사고 방식이다.

예를 들어 다음의 세 가지 선택지가 있다고 하자. 각 선택지 안에는 세 개의 수치가 있는데, 자동뽑기 같은 것이어서 그 안의 어떤 수치가 나올지는 전혀 알 수 없다. 플러스는 이익이고 마이너스는 손실이다. 가령 +5가 나오면 5만 엔을 벌지만 −5가 나오면 5만 엔을 손해 보는 식이다. 그러면 당신은 다음의 세 가지 선택지 중에서 어느 것을 선택할 것인가.

① (+6, 0, −4)　② (+15, −16, +1)　③ (+3, +1, 0)

이득의 가능성이 가장 큰 것은 ②다. 그러나 맥시민 원리에 따르면, 사람은 이익을 얻을 가능성보다 손해 볼 가능성에 더 주목한다. 이런 점에서 어떻게 굴려도 심한 손해를 보지 않을 ③을 선택할 게 틀림없다. 세 개의 선택지 중에서 가장 이득이 적지만 마이너스의 가능성이 없기 때문이다.

당연히 이 원리를 전제로 하면, 누구나 "자신이 최악의 처지에 빠지더라도 프라이드를 지키며 살아가고 재기의 기회도 얻을 수 있는", 격차 원리와 기회균등 원리를 담고 있는 정의의 2원리를 선택한다고 말할 수 있을 것 같다. 비록 현재는 고소득자일지라도 언제 몸이 망가지거나 파산하여 길거리에 나앉을지 모르고, 그렇다면 지금은 불만이지만 자신의 최악의 사태에 대비해 고세율의 세금을 지불하자. 이러한 판단은 무난을 제일로 치는 경향이 있는 대부분의 일본인들에게 받아들여지기 쉬울 것도 같다.

그러나 대성공도 대실패도 가능성으로서는 동등하다. 대실패
가 두려운 나머지 같은 정도로 일어날 수 있는 대성공의 기회를
눈만 멀뚱멀뚱 뜬 채 놓치는 선택을 한대서야 재미없지 않은가?
그리고 과연 만인이 그러한 선택을 할 거라고 단언할 수 있을까?

경마의 경우 대개의 사람들은 신문을 보고 승산이 있는 말
을 조사해, 복승, 연승, 복연승* 등 비교적 맞히기 쉬운 마권을 산
다. 요행수를 노릴 때도 빗나갈 때를 생각해 그렇게 큰 돈은 걸
지 않는다. 그러나 개중에는 한판 승부로 대박을 노리는 사람도
있다. 빗나가는 경우가 많지만 당첨되면 거금을 손에 넣을 수 있
다. 그것이야말로 도박의 묘미일 것이다. 도박꾼에게 맥시민 원
리는 통용하지 않는다.

에스프와르에서의 후나이의 말

거액의 빚을 안고 옴쭉달싹 못 하게 된 채무자들에게 기회가 찾
아왔다. 호화 여객선 에스프와르(Espoir: 희망호)에서 개최하는 게

---

* 　경마의 승식(勝式)에는 단승, 복승, 연승, 쌍승, 복연승 등이 있다.

임을 클리어한 자는 그 빚을 일괄 반제해주겠다는 것이다. 많은 채무자들이 배에 탔다. 그런데 주최자는 어떤 게임을 하는 건지 말해주지 않고, 채무자들에게 "우선 게임 군자금으로 100만 엔부터 1000만 엔의 범위 내에서 돈을 반드시 빌려라."고 명할 뿐이다. 물론 이 돈도 빚에 더해진다. 게임은 4시간, 이율은 10분마다 1.5%의 복리라니, 터무니없이 높다. 만일 게임에 실패하면 빌린 금액에 40%를 더 보태 갚아야 하지만, 게임을 클리어할 수 있다면 반제하지 않아도 된다.

최저 금액인 100만 엔을 빌려 4시간 게임을 했을 경우 최종 금액은 142만 9493엔, 최고액인 1000만 엔을 빌렸다면 1429만 5014엔이 된다. 안 그래도 많은 빚을 지고 있는 채무자들로선 가일층의 압박을 받지 않을 수 없다. 더구나 어떤 게임을 하는지는 돈을 빌린 후에라야 알 수 있다. 여러분이라면 얼마큼 빌릴 것인가?

많은 채무자들은 게임에 졌을 경우를 생각해 최저액을 빌리려고 한다. 바로 맥시민 원리다. 한데 그러던 중 "이놈이나 저놈이나 얼간이들…… 말도 안 돼. 뭘 하는 건지도 모르는데…… 바보들인가?" 하고 이의를 제기하는 자가 나타났다. "포커처럼 판돈을 얼마나 쌓아놓았는지로 결판을 내는 갬블인지도 몰라. 나는 1000만 엔 한도까지 빌릴 거야." 대인기 갬블 만화 『도박묵시록

카이지』 1권에 등장하는 후나이(船井)다.

후나이의 사고방식은 맥시민 원리와 정반대지만, 나름의 근거도 갖고 있다. 어떤 게임인지 모르는 만큼, 자신이 실패할 수도 있다고 예상한다면 그와 같은 정도로 자신이 성공할 수도 있다는 예상이 가능하다는 것이다. 만일 '무지의 베일'을 쓴 회의에서 이런 후나이 같은 사람이 있었다면, 그 혼자라도 정의의 2원리에 반대할 것이다. 인생은 도박이다, 장차 최악의 처지에 빠질지도 모르나 역으로 다른 사람을 제치고 이길 수도 있지 않은가. 나는 내가 성공하는 쪽에 걸 거고, 따라서 격차 원리는 없다고 말이다.

로버트 노직 — 사람은 모두 다르다

이 후나이와 같은 관점에 서 있는 사람이 롤즈의 정의론에 반대하며 등장한 로버트 노직(Robert Nozick: 1938-2002)이다. 노직은 말한다. "사람은 모두 다르다. 모두가 살아야 할 최선의 사회가 하나밖에 없다는 생각을 나는 믿을 수 없다." 맥시민 원리만

---

* 일본 만화 잡지 〈주간 영 매거진〉에 연재되었던 도박 만화.

이 인간의 사고방식이 아닌 까닭에 그에 기초한 정의의 2원리 (약자를 위한 부의 재분배가 이뤄지는)만이 정의인 것은 아니라고 말한다.

노직이 가장 존중하는 것은 개인이 (타인의 자유를 침해하지 않는 한) 자신이 바라는 삶의 방식을 관철할 자유다. 왜냐하면 그는 존 로크(John Locke: 1632-1704)를 본떠, 개인은 태어나면서부터 자신의 신체, 생명, 자유를 소유하고 있으며 그것을 지키는 것, 침해받지 않는 것을 자연권으로 가지고 있기 때문이라는 것이다.

그로부터 자신이 소유하는 자신의 신체를 사용하여 자신이 생각하는 대로 살아가는 것, 또 자신의 신체에 의한 노동으로 획득한 것을 자신의 재산으로 지배할 수 있는 것이 정당화된다. 따라서 노직이 이상 사회로 그리는 것은, 서로 다른 사람들이 각자 자신이 바라는 삶의 방식을 시험해볼 수 있는 커뮤니티를 마음대로 만들고(싫어지면 이탈하는 것도 해산하는 것도 자유), 그 결과 복수의 다양한 커뮤니티가 병립하고 있는 상태다. 그리되면 사람들은 롤즈의 정의 원리에 구속됨 없이 살아갈 수 있다. 커뮤니티들은 서로를 침해하지 않는다. 그리고 이 사회에서는 개인의 자유와 함께 재산권도 본인의 뜻에 반하여 침해되어선 안 된다.

노직 vs. 롤즈 ❶ ─ 나의 재산에 손대지 마라

노직이 개인의 자유와 재산권에 집착하는 데는 이유가 있다. 그는 프린스턴대학 대학원 시절부터 자본주의를 도덕적으로 정당화하는 일에 몰두하고 있었다. 그 성과가 하버드대학에 재직하던 1974년에 발표한 『아나키, 국가 그리고 유토피아*Anarchy, State, and Utopia*』였다. 이 책에서 노직은 로크의 자기소유론을 일관하면서, 개인은 자기 자신의 신체능력 그리고 재산에 대해 신성불가침의 배타적 권리를 가지며, 따라서 그에 대해 어떠한 타인, 비록 정부라 할지라도 개입할 수 없다고 논한다.

실은, 노직이 이 책을 간행한 데는 또 하나의 강한 동기가 있었다. 그것은 당시 같은 하버드대학의 교수였던 롤즈의 『정의론 *A Theory of Justice*』에 반론하는 것이었다. 롤즈의 격차 원리, 즉 정부가 고소득자로부터 고세율로 세금을 거두어 살림살이가 어려운 사람들을 위해 재분배한다는 정책론에 대해, 노직은 개인 재산권의 신성불가침성이라는 점에서 맹렬히 반대했다. 그는 소유자 본인의 의사에 반하여 그 재산을 침해하는 것은 (비록 과세라 하더라도) 결코 허용되지 않는다고 주장했다.

노직에게 소유물의 획득과 이전이 정당화되는 것은 다음의 세 가지 경우뿐이다. ① 원시취득(자기노동에 의한 취득과 무주물

[無主物] 선점), ② '소유물에 대한 권리를 가진 자'의 자유의사에 의한 교환 또는 증여에 의한 물(物)의 획득, ③ 획득물에 대해 만일 과거의 획득 과정에서 부정(절도, 사기, 강탈 등)이 있었음이 발각되면 부정이 발생한 때로 거슬러 올라가 소유의 부정을 바로잡는다(즉, 정당한 소유자에게 그가 획득했어야 할 이익을 돌려준다). 이상의 세 요건을 충족시킬 수 있다면 그것만으로 사람들의 재산 획득과 이전은 옳다. 이것이 노직에게는 정의다. 이를 '권원(entitlement) 이론'이라고 한다.

그러나 이 단순한 요건을 채우는 것만으로는 결과적으로 사람들의 빈부격차는 메꿔지지 않는다. 그래도 되는 거야? 생각하는 독자분도 계실 것이다. 하지만 노직에겐 그래도 되는 것이다. 그에게는, 사람들의 자유의사와 부정 없는 상태로 재산의 취득과 이전이 이뤄지면 그것만으로 정의이며, 그 결과상태는 아무래도 상관없다. 그리고 이런 사고방식으로부터 노직은 롤즈를, 결과상태를 만지작거림으로써 재산 취득·이전의 정의를 왜곡하는 '결과상태 원리'라고 격렬하게 비판한다.

롤즈는 분배에 대한 격차 원리 등의 구조적 원리에 의해 최종적인 부의 배치상태를 인위적으로 변경할 것을 요구하는데, 이는 사람들의 자기소유와 자유의사를 현저하게 훼손하는 것이라고 노직은 말한다. 롤즈에게 정의란 불우한 사람의 생활을 우선적으로 향상시키기 위해 부의 불균형한 배치상태를 수정하는 것이지만, 노직의 정의는 재산의 취득과 이전에서 소유자의 자유의사가 관철되는 것이다.

그렇다면 노직에게는 약자 구제에 관심이 없는가 하면, 실은 그렇지 않다. 그는 앞에서 서술한 '권원 원리'에서 자유의사에 의한 증여는 옳다고 말한다. 즉, 고소득자가 자신의 자유의사로 사회의 곤궁한 사람들에게 기부를 하는 것은 인정하고 있다. 사람들의 상호부조는 사람의 자기소유를 침해하는 구조적 원리에 의해서가 아니라 자발적인 증여에 의해 이뤄져야 한다고 생각하는 것이다.

그러나 일본 사회에서 자발적으로 거액을 기부하는 사람이 별로 많지 않은 걸 보며, 과연 그런 식으로 약자 구제가 가능할까 고개를 갸우뚱하는 사람이 있을 것이다. 하지만 미국의 경우는 좀 다르다. 예능계나 재계에서 대성공을 거둔 사람들, 이른바 셀럽들이 일본 엔으로 환산하면 수억 엔의 거액을 자선단체에 기부하는 일이 흔히 있다. 듣건대, 미국인은 신앙심이 돈독하여 신의 가르침에 따라 부(富)는 이웃의 행복에 도움이 되어야만 의미가 있으니 먼저 이웃에게 주고 그런 다음 자신에게 준다는 도덕관을 갖고 있다고 한다. 노직이 증여에 기대했던 것에는 그러한 문화적 배경도 있었을지 모르겠다.

노직 vs. 롤즈 ❷ ― 고소득은 개인의 재능 덕분?

그런 이유에서 노직은, 자신이 소유한 재능으로 노력하여 대성
공을 거둔 사람은 그 재능으로 말미암아 획득할 수 있었던 수입
을 전부 자신의 정당한 재산으로 지배할 수 있다고 강조한다. 기
부하는 것도 기부하지 않는 것도 본인의 자유다. 대부호인데도
기부할 생각이 전혀 없는 사람에게 기부를 강제하는 것은 어느
누구도, 하물며 정부도 할 수 없다.

그러면, 다음과 같은 이야기에 대해 생각해보기 바란다. 오타
니 쇼헤이(大谷翔平)* 선수가 에인절스와 이런 계약을 임의대로 맺
었다고 하자. 시즌 동안 공식 시합이 벌어지는 구장마다 '오타니
박스'를 설치하여 관객에게 '자발적으로' '내고 싶은 만큼의 돈
을' 거기에 넣게 하고, 시즌이 끝나면 그 상자에 들어 있는 총액
을 전부 오타니 선수만의 수입으로 한다는 계약이다(물론 연봉은
따로 받는다). 당연히 오타니 선수는 이 획득한 돈의 사용처에 대
해 자신 이외의 누구로부터도, 어떠한 강제도 지시도 받지 않는
다. 자, 당신이라면 이러한 계약 내용과 결과를 지지할 것인가?

노직은 쌍수를 들어 지지한다. 실은, 이 예화는 노직 자신이 저

---

* 미국 프로야구 LA 에인절스의 '투타겸업' 선수.

서 안에서 당시 농구계의 대스타를 소재로 하여 서술한 것인데, 내가 그 선수를 요즘 독자들이 알아보기 쉽도록 오타니 선수로 바꾸었을 뿐이다. 이 예화를 사용해 노직은, 사람들로 하여금 자발적으로 이 선수에게 돈을 주고 싶다고 생각하게 만드는 실력과 매력이 곧 재능이고, 그것은 그 개인에게만 속하는 것이며, 따라서 그것으로써 모은 금액은 모두 그 개인의 정당한 재산이라고 논했다.

그러나 여기서 하나, 마음에 걸리는 것이 나온다. 오타니에게는 확실히 야구 실력과 스타로서의 매력이 있지만, 그것으로써 고소득을 얻는 것은 그 한 사람의 힘에 의한 것이 아니지 않을까? 야구라는 게임에 대해 높은 가치를 인정하고 그런 위에서 그의 존재에 높은 평가를 부여하여 티켓이나 굿즈를 구입하는 많은 사람들이 있기 때문에 그는 고소득을 얻을 수 있는 것 아닌가?

같은 스포츠라도 극단적인 술래잡기라고 일컬어지는 카바디* 의 스타 선수는 본래 미디어에서 거의 다루어지지 않기(일본에서는 만화로 나왔을 뿐) 때문에 오타니 선수처럼 될 수 없다. 재능 자체가 아니라, 그 재능에 사회인들이 높은 가치를 인정하기 때문에 높은 소득을 끌어당길 수 있는 것이 아닐까? 만일 야구에 아

---

* 12명이 한 팀으로 구성되는 인도의 투기종목.

무 가치도 인정하지 않는 사회라면 오타니 선수도 단지 야구 방망이를 휘둘러 공을 때리고, 달리고, 가끔 공을 맹속으로 던지는 키 크고 멋진 일본인 오빠에 지나지 않을 것이다.

노직이 개인의 재능에 의한 소득을 본인만의 재산이라고 말할 수 있었던 것은, 그 재능에 대한 사회의 높은 가치 부여가 있음을 전제로 하여 그 스타와 고용주 그리고 다수 팬과의 사이에 자유의사에 의한 합의가 성립하고 있는 것에 기인한다. 이 점은 유의해두는 게 좋을 것이다.

노직 vs. 롤즈 ❸ ― 재능은 사회의 공통 자산이어야 하는가?

재능에 대한 노직의 견해와 롤즈의 견해 사이에는 또 하나 근본적인 차이가 있다. 노직은 재능을, 개인이 그 몸과 마찬가지로 태어나면서부터 가지고 있기 때문에 필연적으로 본인 한 사람에게 전속한다고 파악하지만, 롤즈는 그렇게 생각하지 않는다.

롤즈는 이렇게 묻는다. 재능은 사람들 각자의 출생이 우연인 것과 마찬가지로 자연이 분배한 우연의 결과다. 그런데도 재능 있는 사람이 자신이 타인보다 풍부한 재능을 갖고 태어난 것을 도덕적으로 마땅하다고 생각하는 게 맞을까? 라고. 재능이 갖추어져 있다는 것은, 우연히 부유한 가정에 또는 빈곤한 가정에 태어난 것과 마찬가지로, 우연히 그렇게 되었을 뿐이라는 것이다.

물론 재능을 가진 자가 그것으로써 획득한 보수를 얻는 정당성을 롤즈는 부정하지 않는다. 하지만 그 정당성은, 도덕적으로 마땅해서가 아니라, 그 재능을 교육이나 단련을 통해 스스로 기르는 것, 그리고 주목해야 할 것은 "그 재능을 자신의 선(善)만이 아니라 타인의 선에도 기여하기 위해 썼던" 것에 말미암는다고 말한다. 재능은 우연의 소산이므로 자신만을 위해서가 아니라 타인의 생활을 좋게 하기 위해서도 써야 한다는 사고가 여기에 시사돼 있다.

롤즈는 이렇듯 사람들이 갖는 다양한 재능을 사회의 공통 자산으로 조직화함으로써 사회적 협업에서 상호 유리화(有利化, 즉 자신만이 아니라 다른 사람들의 이익에도 공헌하는 것)를 한층 충실하게 할 수 있으니, 그렇게 하는 게 어떻겠습니까? 하고 묻고 있는 것이다. 이것이 이른바 "재능은 사회의 공통 자산이다."라는 롤즈의 캐치플레이즈 의미다. 이는 앞에서 말한 '우애'의 현대판인 격차 원리의 사고에 바탕을 둔 것이다.

노직은 그에 반해 타인에 대한 공헌으로서의 우애는 어디까지나 고소득자의 자유의사, 자발성에서 구해야 한다고 말할 것이다.

자, 당신은 어느 쪽에 공감하는지?

현대 정의론은 롤즈에서 시작하여 그 숙명의 라이벌인 노직의 출현에 의해 더욱 뜨거운 논쟁이 벌어지는 분야가 되었다. 롤즈와 노직, 이 두 사람은 마치 손오공과 베지터,[*] 죠죠와 디오,[**] 사쿠라기 하나미치(桜木花道)와 루카와 카에데(流川楓)[***]와 같은 명 라이벌 관계에 필적한다고 나는 멋대로 생각한다. 그리고 기이하게도 롤즈와 노직은 같은 2002년에 세상을 떠났다.

롤즈 이후 그의 노선(불우한 사람을 위한 부의 재분배)를 이어받아 그것을 더 독자적으로 충실화한 로널드 드워킨, 노벨 경제학상을 수상한 아마르티아 센(제10장에서 상세하게 논한다) 등이 등장했다. 한편 노직의 노선은 리버터리아니즘((Libertarianism. 자유존중주의)이라 불리며, 그것에 동조하는 최소국가론자, 나아가서는 더 과격하게 무정부자본주의를 주창하는 사람들에 의해 이것 또한 활황을 보이고 있다. 다른 한편으로 롤즈의 '정의와 사람 각각의 가치관을 분리하는' 방법론을 비판하고 정의론에 공공선을 수렴해야 한다고 주장하는 커뮤니터리아니즘 (Communitarianism. 유명한 사람으로는 마이클 센델 외에 마이클 왈저, 알래스데어 매킨타이어 등)도 등장한다.

---

[*] 만화 『드래곤볼』에 나오는 손오공의 라이벌

[**] 만화 『죠죠의 기묘한 모험』에 나오는 라이벌.

[***] 만화 『슬램덩크』에 나오는 라이벌. 한국어판에서 사쿠라기 하나미치는 강백호, 루카와 카에데는 서태웅으로 개명(?)했다.

제4장

악법에
거역하는
악동이
되어라!

― 준법 의무

Q: '지시 대기 인간'은 왜 범죄를 저지르게
되는가?

Q: 자신이 마시는 술을 빚는 게 왜 나쁜가?

법률에 따를 '도덕적 의무'가 있는가?

왜 여러분은 법률에 따르고 있는가?

"법률은 오류 없이 옳기 때문이다."고 생각하여 따르는 사람은 우선은 거의 없을 것이다.

"왜인지 생각한 적도 없고, 그저 습관으로 따르고 있을 뿐"이라고 말하는 사람이 대부분이 아닐까? 혹은 "체포당하는 게 싫어서" "불만스런 법률은 있지만 지키지 않으면 이래저래 성가시니까 일단은 지킨다."고 답하지 않을까? 사회계약론 같은 것을 조금 아는 사람이라면 "법률에 따르기 때문에 바로 우리의 생명과 자유와 재산이 지켜지는 게 아닌가?" 하고 말하겠지만, 아마 대개는 단순한 타성, 메리트(이점), 사회에서 살아가기 위해, 뒤에서 손가락질 당하지 않기 위해 등등이 사람들이 법에 따르는 동기라 할 수 있을 것 같다.

그런데 법에 따를 의무라는 게 있을까? 방금 말한 동기들은 '생각해보니까 그렇다는 것'이지 '의무' 자체는 아니다. 하지만 이런 동기에서 법률에 따르는 사람들도 무조건 반사적으로 "법률이라서 따르는 것은 아니다."고 생각하거나 말하거나 할 것이다. 한데 그 근거인 '의무'감이라는 것은 어디서 나오는 것일까? 다시 말해 법률에 따를 '도덕적 의무'라는 것은 과연 있을까?

부당 판결에 따랐던 소크라테스

고대 그리스의 철학자 소크라테스(Socrates: BC 469?-BC 399)가 대단한 점은 뭐니 뭐니 해도 자신의 목숨을 희생하면서까지 자신의 철학을 세상에 알렸다는 것이다. 그는 직접 집필하지는 않았지만, 자신의 말·행동과 삶의 방식·죽음의 방식을 후세에 또렷이 남겼다(제자인 플라톤이 소크라테스의 행장을 기록했다).

본래는 좋은 집안에서 태어났지만 맨발로 걸어 다니고, 수입도 없고, 아내에게 물 끼얹음을 당하면서도 이런저런 생각을 했다. 어느 날 델포이의 신탁소에서 "소크라테스 이상으로 지혜로운 자는 없다."는 신탁을 받았다는 친구의 말을 듣고, 정말인지 아닌지 확인하기 위해 아테네(당시 그리스에서 가장 유력했던 도시

국가)의 모든 지식인을 찾아다니며 질문 공세를 폈다.

이를테면 '용기'란 무엇인가, '미(美)'란 무엇인가와 같은 비근한 예를 들어 지식인에게 묻는다. 처음에 지식인은 "무슨 그리 뻔한 것을" 하며 여유롭게 답하지만, 소크라테스는 그 답의 불분명한 점이나 애매한 점, 모순점 등을 찾아내 더 물고 늘어진다. 지식인도 열심히 답해보지만, 소크라테스가 집요하게 파고드는 것에 답하지 못하고 끝내는 '참'을 알지 못했다는 사실을 깨닫게 된다.

이렇게 소크라테스는 세상 지식인의 앎은 오로지 겉일 뿐 그들은 아무것도 알지 못하며, 그에 반해 자신은 처음부터 무지를 자각하고 있었기에 과연 신탁이 말한 대로였다고 확신했다. 이후 그는 사람들을 무지의 자각으로 이끌고자 이곳저곳 찾아다니는 활동에 인생을 보내게 되었다.

그렇긴 해도, 갑자기 질문을 받고 많은 사람 앞에서 창피를 당하는 사람들 입장에서 보자면 솔직히 소크라테스는 싫은 놈이다. 화를 못 참고 발로 차거나 두들겨 패는 자도 있었고, '아테네의 파리*'라 불리기도 했다. 그러나 소크라테스는 사람들에게 창피 주는 걸 목적으로 한 게 아니라, 자신이 주장하는 바의

---

* fly: 남들이 싫어하는 사람.

근거가 확실한지 아닌지 늘 유념해라, 또 자신의 마음의 한계를 알아라, 그리고 영혼을 선한 상태로 유지하는 도덕적 가치를 찾아 실행하라, 는 메시지를 전하고 싶었던 것이다.

하지만 그런 본뜻을 이해할 수 있는 사람은 소크라테스의 동조자 외에는 거의 없었다. 그 때문에 그는 점차 아테네 유력자들부터 원한을 사게 되었고, 끝내는 위정자와 보수주의자들로부터 폴리스 신에 대한 불경죄, 청년들을 타락시킨 죄 등의 트집성 용의로 고소당했다. 그리고 시민제비뽑기로 선발된, 수천 명의 배심원들로 채워진 재판에서 사형 판결을 받았다.

부당 판결이 명백한 만큼, 보통이라면 따르지 않거나 혹은 형집행 전에 탈주하는 선택을 생각할 수 있을 것이다. 실제로 소크라테스의 친구는 탈주를 권했다. 그러나 소크라테스는 다음과 같이 말했다. 나의 생명도 능력도 지식도 모두 이 조국과 법덕분이다, 조국은 시민에게 부모나 같다, 그리고 지금 이 조국에 머물고 있는 건 이 나라의 법에 대한 복종을 약속했기 때문이다, 따라서 조국의 법과 질서를 지키기 위해서는 나 개인의 의사를 버리고 조국의 재판에 승복해야 한다고(「크리톤(Kriton)」*).

---

* 플라톤이 쓴 짧지만 중요한 대화편. 이 책에서 소크라테스의 부유한 친구인 크리톤은 소크라테스에게 탈옥을 권유하지만 소크라테스는 이 권유에 대해 정의와 법의 관점에서 반박 논변을 펼친다.

부정한 일에 대해 부정으로 응보하는 것은 정의에 반한다며, 형 집행을 감수하겠다는 의사를 보인 것이다. 그리고 그는 독초가 든 잔을 단숨에 들이켜고 죽었다.

철학자 중에는 확실히 괴짜가 많지만, 그렇다고 해도 "이렇게 까지 해야 해?"라는 느낌이다. 실은, 소크라테스를 고소한 정치 가도 정말로 사형시킬 생각은 없었다고 한다. 소크라테스의 문 답이 자신의 정치에 비판적인 사람들을 늘려가지 않을까 하는 불안 때문에 그자를 내쫓든가 입다물게 하려고 엄한 판결을 내 렸던 모양이다. 또 당시 아테네에서는 사형 판결을 받은 자가 국 외로 탈출하는 것을 당연하다고 보았다. 그래서 소크라테스가 사형 판결을 깨끗이 수용하고 죽은 것에 대해 그의 지지자뿐 아니라 비판자들도 깜짝 놀랐던 듯하다. 그런 의미에서 소크라 테스는 역사상 최강의 바보짓을 밀어붙였다고 할 수 있다. 그런 데 무엇 때문에 목숨까지 거는 그런 바보짓을 했을까?

이유는 두 가지다. 하나는 자신을 포함해 아테네의 시민들에 게 이런 부당 판결을 내릴 정도로 타락한 스스로의 시민적 책 임을 통감하길 바란다는 것, 또 하나는 조국의 법질서에 대한 불복종이 결국 법질서의 파탄으로 이어질 테니 우선은 사적 감 정을 버리고 복종해야 한다는 것, 이것들을 몸으로써 보인 것이 었다.

소크라테스의 생각은 이렇다. 개인적으로 마음에 안 드는 법률이나 판결이라고 해서 안이하게 어겨버리면 그 같은 태도는 다른 사람들에게도 영향을 주고 결국 누구나 법질서를 무시하게 되어 사회는 파괴된다. 사람들은 일단 협력하여 질서를 지키고 사회 안에서 함께 살아가는 것에 대한 동의를 보이지 않으면 안 된다. 그리고 악법 혹은 부당 판결이라 해도 그것을 만들고 방치했던 것은 민주정, 즉 시민 전원이므로 그들이 그 책임을 지고 따라야 한다. (소크라테스는 자신의 설득이 불충분했다는 책임을 느껴 사형을 받아들였다.) 악법이나 부당 판결의 귀결이 감내하기 어렵다는 걸 알았다면 차후 언론을 통한 설득이나 논의로 법을 개선하도록 노력해야 한다.

소크라테스는 자신의 생명을 부당 판결의 희생이 되게 함으로써 이상과 같은 생각을, 치코 풍으로 "멍하니 살지 말라고!"* 사람들에게 던졌던 것이다.

---

* 일본에서 사전, 법률 서적, 실용서 등을 출판하는 '지요코쿠민샤(自由国民社)'라는 출판사에서는 매년 12월 그해의 신조어·유행어를 선정하여 발표한다. "멍하니 살지 말라고!(ボーっと生きてんじゃねーよ!)"는 2018년 10대 유행어에 선정된 말인데, 이는 NHK 방송 〈치코한테 혼난다(チコちゃんに叱られる)〉의 주인공 치코가 자주 사용하는 말이다. 치코는 컴퓨터 그래픽으로 만든 5세가량의 까칠한 여자 캐릭터다.

법을 지키다 굶어 죽은 재판관

일본에도 불합리한 법을 준수함으로써 자신의 생명을 잃은 사람이 있었다. 패전 직후인 1947년 도쿄 지방법원의 젊은 판사가 영양실조로 사망했다.

일본은 전시 중 배급제도를 취하고 있었다. 쌀, 미소(된장), 간장, 설탕 등의 식료와 성냥, 비누 등의 일용품이 배급 대상으로, 각 가정에 사전에 사람 수만큼의 교환권을 배부하고 이것을 상품과 교환하는 제도였다. 패전 후에도 이 배급제도는 존속하고 있었지만 기능부전에 빠졌다. 쌀이 사라지고 고구마와 감자 등의 대용식도 배급이 늦어지거나 아예 배급되지 않는 일이 이어졌다. 즉, 배급에 의존하는 사람들이 먹을거리를 입수할 수 없는 상태에 빠진 것이다.

당연히 국민은 굶어 죽고 싶지 않았기에 법률 위반인 것을 알면서도 '암시(闇市, 야미이치)'라 불리는 시장에서 식료를 입수하게 되었다. 현금을 갖지 못한 사람은 자신의 옷을 팔면서까지 식량을 손에 넣었다. 모두 살기 위해 어쩔 수 없이 법률 위반을 하고 있었던 것이다.

그러나 도쿄 지방법원의 야마구치 요시타다(山口良忠) 판사(당시 34세)는 굶주림에 고통을 겪으면서도 법률 위반인 암시장에서 식량을 구입하지 않고 합법적인 배급품만으로 살아가려고 했다. 왜냐하면 그는 재판관으로서, 배급제도의 근거인 '식량관리법'으로 위법자를 재판하는 입장에 있기 때문이었다. 현행법에 의해 재판하는 입장의 사람은 비록 살기 위해서일지라도 그 법을 범해서는 안 된다는, 자신의 직무에 충실한 사고방식이었다. 하지만 그는 이 때문에 젊은 나이에 생명을 끝마치지 않을 수 없었다. 그는 비록 악법일지라도 법률인 이상 재판관인 자신은 그것을 지켜야 한다는 취지의 메모를 남겼다고 한다.

자기 직무의 본지(本旨)를 관철하고 그것을 위해 목숨을 버리는, 한 인간으로서 생존욕구를 희생한 야마구치 판사. 그저 고개가 숙여진다. 후세에 전하고 싶은 훌륭한 재판관이다. 하지만 너무 안타깝다. "법을 위해 사람이 있는 게 아니라 사람을 위해 법이 있는 거잖아요!"라고 호소하고 싶다!

야마구치 판사도 패전 후의 배급제도와 식량관리법의 불합리성을 충분히 알고 있었다. 그가 입법자였다면 즉각 법과 제도의 개정을 시도했을 것이다. 하지만 그는 사법 인간이었다. 마땅한 입법 과정을 거쳐 성립한 법률을 개인적인 불만이 있어도 그것을 사람들에게 적용해야 하고, 그렇다면 재판하는 자신도 국민의 한 사람으로서 그것에 따르지 않으면 안 된다. 그는 몸으로써 사법과 입법 각각의 책임 무게를 보여주었다고 할 수 있다.

재판관으로서 그의 청렴함, 프라이드와 일관성에는 깊은 존경의 마음을 표한다. 그러나 입법부가 기능하지 않을 경우에는 재판관이 상황에 따라 법해석을 바꾸거나 사실상의 새로운 입법의 가능 여지가 있다는 사고를 그가 가지고 있었더라면, 하는 생각도 든다.

사고정지한 준법은 죄다

소크라테스의 에피소드에서, 사람이 타인과 사회생활을 영위하려는 이상, 학급붕괴*와 같은 상황이 벌어져서는 안 되니 개인적으로 불만이 있더라도 법질서를 지킬 필요가 있다는 것을 알았다. 또한 야마구치 판사의 에피소드에서 삼권분립의 엄격함, 그리고 바로 그러한 이유에서 입법부의 책임이 무겁다는 것을 알았다. 이는, 물론 나쁜 법은 개선되어야 하지만 그것은 논의와 설득을 통해서이지 어김으로써 이뤄져서는 안 되며 따라서 국가의 법질서 유지를 위해 법에 따를 의무가 있다는 견해다.

---

* 학급에서 수업이 제대로 이루어지지 않고 학생에 대한 교사의 생활지도가 전혀 영향을 미치지 못하며 교권이 위협받아 결과적으로 학교 교육의 본질적 기능이 약화되는 현상.

두 사람 모두 목숨을 걸었던 완고한 준법자이지만, 왜 그렇게 했는가에 대한 분명한 사상을 가지고 있었다. 그리고 거기에서 우리는 여러 가지를 배울 수 있다.

소크라테스의 사고방식을 일면적으로 극단화하면 "부정의가 있어도 질서 있는 국가가, 정의가 있어도 무질서한 국가보다 낫다."(니콜로 마키아벨리)는 격언이 된다. 그러나 질서가 안정돼 있다 해도 그 법의 부정 정도가 너무 심할 경우, 그것을 무턱대고 지킨 고지식한 어떤 공무원이 그 결과 많은 무고한 사람들의 생명을 빼앗아버린 최악의 사실(史實)이 있다. 나치스 독일의 친위대 간부였던 카를 아돌프 아이히만(Karl Adolf Eichmann: 1906-1962)이다.

그는 나치스 독일의 유능하고 충실한 요원으로서, 아돌프 히틀러의 유대인 절멸작전에 관한 명령을 아무 주저 없이 준수하여 유대인을 강제수용소에 보내는 허가를 담담히 내주었다. 그는 자기 직무의 의미에 대해서는 아무 생각도 하지 않고 단지 명령과 법을 지킬 따름이었다. 이 결과 그가 보낸 수많은 무고한 유대인이 살해당했다.

전쟁이 끝난 후 아르헨티나로 도망했으나 1960년 이스라엘 특무기관에 체포되었다. 예루살렘의 재판에서 그는 방탄유리가 쳐진 피고인석에 앉아 "나는 상사의 명령에 따랐을 뿐입니다."라는 주장만을 되풀이했다. 물론 그런 변명은 통하지 않았고, 그는 교수형에 처해졌다.

이 건에 대해 한나 아렌트(Hannah Arendt: 1906-1975)라는 철학자는 이렇게 썼다. 아이히만의 "완전한 무사상성, 그것이 그가 저 시대의 최대 범죄자 중 하나가 되는 요인이었다." 전문적 지식과 능력이라는 점에서는 유능할지라도 인간으로서 사고하기를 포기하고 오로지 명령에 따르며 그 결과에 대해서는 상사에게 책임을 전가하는, 한 관료의 평범(平凡)이라는 이름의 죄가 얼마나 깊은지 새삼 생각하지 않을 수 없다. 더욱이 그가 무엇이 나쁜 일인지 몰랐던 것(처럼 보이는)이 더더욱 무섭다. 사고 없는 준법이야말로 가장 질 나쁜 것이다.

앞으로 관료가 되고자 하는 젊은이들은 결코 이런 인간이 되지 말기를 간절히 바란다. 아이히만의 재판에 대해서는 〈스페셜리스트—자각 없는 살육자〉라는 다큐멘터리 영화가 있으니 기회가 되면 꼭 보기를 권한다.

---

* 프랑스의 에얄 지판(Eyal Sivan)이 감독한 1999년 작품. 원제는 *Un spécialiste, portrait d'un criminel moderne*.

명령에 반하여 많은 인명을 구한 두 사람의 영웅

같은 나치스 당원이라도 분명한 자신의 생각을 갖고 그에 따라 유대인을 구한 인물도 있다. 오스카 쉰들러(Oskar Schindler: 1908-1974)다.

그는 독일 점령하의 폴란드에서 독일군 군수공장을 경영하는 실업가였는데, 그곳에 많은 유대인들을 노동자로 고용했다. 쉰들러도 나치스 당원이니만큼 유대인을 차출해야 할 입장에 있었지만, 낙천적 방탕아인 그는 처음에는 경제적 관심에서 그러나 차츰 무력한 유대인 주민들을 가능한 한 구제하고 싶다는 생각이 강해져, 유대인을 자신의 새로운 공장에 고용하기 위한 리스트를 작성했다.

물론 유대인 우대와 규칙 위반의 혐의를 받아 게슈타포로부터 빈번히 사정청취를 받았다. 하지만 이에 기죽지 않고 그는 유대인 구제를 위해 전 재산을 쏟아붓는 것도 마다하지 않았다.

같은 나치스 당원이면서도, 명령에 대해 어떻게 해야 할까를 생각하고 곤란함이 있어도 자신의 신념을 관철한 쉰들러의 삶은 실로 아름답다고 생각한다. 성실한 관료가 사고정지(思考停止)로 평범이라는 이름의 악을 행했던 반면, 불성실한 방탕아가 기지를 살려 저항이라는 이름의 선을 행했다는 대조도 참으로 아이러니하다. 〈쉰들러 리스트Schindler's List〉*라는 영화가 있으니 역시 기회가 생기면 꼭 보기 바란다.

일본에도 '동양의 쉰들러'라고 불린 기골의 외교관이 있었다. 스기하라 지우네(杉原千畝: 1900-1986)다. 그는 제2차 세계대전 중 일본영사대리로 부임한 리투아니아의 카우나스라는 도시에서, 나치스에게 박해받고 있던 많은 유대인에게 비자를 발급해주어 그들의 망명을 도왔다.

당시 일본의 외무대신이 각지의 재외공관에 발동한 명령을 보면, 피난처 국가의 입국 허가를 얻지 못하고 또 피난처까지의 여비를 갖지 못한 외국인에 대해서는 일본 통과 비자를 발급해서는 안 된다고 되어 있었다. 하지만 그런 자격을 갖지 못한 유대인이 대거 존재하는 사태를 지켜보던 스기하라는 본국의 명령을 감히 어기고 자신의 판단으로 무자격 유대인들에게 힘이 닿는 대로 비자 발급을 해주었다. 그의 인도성과 용기 덕분에 많은 유대인이 위험이 임박해 오는 유럽에서 탈출할 수 있었다.

스기하라는 지금도 리투아니아와 이스라엘에서 존경받고 있으며, 그 이름을 모르는 사람이 없다고 한다. 그가 태어나고 자란

---

* 스티븐 스필버그 감독의 1993년 영화. 아카데미 작품상, 감독상 등 7개 부문에서 수상했다.

고향(기후현 야오쓰쵸)를 찾는 외국인도 많다.

법률에 따라야 할 '도덕적 의무'는 없다?

아무 생각 없이 오로지 상사의 명령이나 규칙을 지키는 것은 당연히 마음 편하고 보신(保身)과 무난한 생활을 하는 데 도움이 될 것이다. 하지만 그러는 사이 인간으로서 감성이나 사고력, 상상력이 마비되고, 명령과 법이 너무나 부정한 것일 경우에는 희대의 악행에 가담해버리게 된다. 법을 존중하는 것과, 악법에 무비판적으로 따르는 것은 엄연히 다르다.

제1장에서 법실증주의 이야기를 했다. 합헌적인 절차를 거쳐 제정·공포된 실정법만이 법의 이름값을 하며, 사회의 전 구성원이 공통으로 의거할 수 있는 룰이라고 보는 사상이다. 이런 이유로, 아무리 가혹한 내용의 법률일지라도 그것이 법률인 이상 따라야 한다고 오해하는 사람도 많은데, "그건 결코 아니야!"라고 이 자리에서 강력히 말해둔다.

"악법도 법이다."라고 말했다고 해서, 그런 고로 "악법에 따라야 한다."는 의미가 되지는 않는다. 법실증주의는 ① 법률이란 도덕 등 다른 룰들과 다르게 어떤 것인가를 설명하고, ② 그것이 사회의 질서 유지와 사람들의 행동 편의를 돕는다, 하는 것까지는 논하지만, 법률에 따라야 한다는 도덕적 책무까지 주장하는 것은 아니다.

사실, 법실증주의자의 대표자 중 한 명인 허버트 L. A. 하트 (Herbert Lionel Adolphus Hart: 1907-1992)는 '존재하는 법'을 준수할지 말지는 개인이 종합적으로 판단하여 결정할 문제라고 했고, 조셉 라즈(Joseph Raz: 1939-)는 비록 정의에 합당한 법체계일지라도 결코 따라야 할 일반적인 도덕적 책무는 없다고 말하면서 나아가 사악한 법체계를 존중하는 것은 도덕적으로 잘못이라고까지 쓰고 있다. 법률과 도덕을 엄밀히 구별하는 것은 곧, 법률에 따를지 말지에 대한 개인의 선택을 도덕 문제로 보고 개인의 사려와 판단에 맡기는 것을 의미한다.

역시 엄격한 법실증주의자였던 켈젠도 실정법을 자연법이나 이상 등에 의해 정정하려 해서는 안 된다고 경계한 한편으로, 정치학적인 저작에서는 민주주의에 있어 소수파의 옹호를 강하게 호소했다.

It's only positive law. 기껏해야 제정법일 뿐이다. 사람의 세상에는 그것 말고도 여러 고려해야 할 사항이 있다. 법실증주의는 의외로, 법률을 깬 눈으로 보고 상대화한다. 그런 만큼, 한 사람 한 사람의 개인에게 따를지 말지의 도덕적 선택 책임을 강요하는 사고 같은 느낌도 든다.

법을 사랑하기 때문에 법을 범합니다 — 시민적 불복종

차별을 정당화하거나 사람의 생명을 위험에 노출시키는 등 너무
나 불합리한 법률이 시행되고 있는데, 입법자에 대한 논의와 설
득을 통해 개선될 때까지 느긋하게 기다리라고 태평하게 말할
수 없는 경우도 있다. 한시라도 빨리 "이런 법률은 정의에 어긋
나니 따라서는 안 된다."는 주장을 국민이나 정부를 향해 당당
하게 호소해야 한다는 견해가 나온다.

앞 장에서도 언급한 킹 목사는 1963년 앨라배마주 버밍엄시
에서 흑인차별법에 대한 격렬한 항의 활동을 한 이유로 수감되
었다. 그의 항의 활동은 정의의 이름하에 법을 어기는 행위의 모
델케이스로서 다양한 항의 행동 때 모범이 되어왔지만, 여기서
주의할 점이 있다. 즉, 킹 목사는 단지 악법이라면 어겨도 좋다
고 주장한 게 아니라 위반으로 인한 제재를 받음으로써 오히려
조국의 법을 존중하는 자세를 보이고 있다는 것이다.

"부당한 법률을 범할 때에는 당당하게, 애정을 갖고 행동해야
하며, ……법을 범한 것에 대한 응당한 형벌은 감수해야 합니

다. 부당함에 양심상 참을 수 없어 법을 등진 사람은 사회적 양식(良識)을 향해 그 부당성을 호소하기 위해서도, 그 후 조속히 수감을 감수하여 법을 진심으로 존중하는 태도를 보여야 합니다."(「버밍엄 감옥에서 보낸 편지」)

기본적으로 국가의 법질서를 존중하지만 그 법 안에 양심상 참을 수 없는 부정한 내용이 있으면 처벌은 수용하면서도 따르지는 않겠다, 이렇게 사람들에게 법 개정을 향한 호소를 평화리에 진행해가는 것이 킹 목사의 전략이었다. 이 전략을 '시민적 불복종'이라 한다. 이는 앞 장에서 거론한 롤즈도 긍정하여 이론화하고 있다.

킹 목사가 참고로 한 것은 헨리 데이빗 소로(Henry David Thoreau: 1817-1862)라는 미국 작가의 행동이었다. 소로는 미국 정부가 벌이고 있던 부당한 대(對)멕시코전쟁을 멈추게 하려고, 그 재원이 되는 세금을 일부러 내지 않는 행동을 벌여 체포되었다. 소로 역시 딱히 아나키스트가 아니라 조국을 사랑한 사람일 뿐이었다. 사랑하기 때문에 부정한 정책 채택을 원하지 않았고, 스스로 그에 가담하고 싶지 않았던 것이다.

이처럼 이미 존재하는 법질서를 무비판적으로 그저 지키는 것만이 준법은 아니다. 부정한 법에 따르지 않음으로써 역으로 법질서를 사랑하고 존중하는 자세를 보일 수도 있다. 물론 본인에게는 처벌을 수용해야 한다는 고통이 있겠지만.

일본의 시민적 불복종 — 그렇습니다. 나는 암거래 쌀집입니다

관(官)에 대해 좀처럼 거역하지 않는 일본인이지만, 이 시민적 불복종을 끝까지 해낸 사람이 있다. 1990년대에 식량관리법을 일부러 어기고 결국 폐지로 내몰았던 가와사키 이소노부(川崎磯 信)다.

　당시 일본은 앞에서 말한 식량관리법에 더해 1970년의 감반정 책으로 쌀농사를 통제하고 있었다. 쌀 가격과 공급을 관리하기 위해 농가에 벼 생산 감량, 이른바 감반*을 강요했다. 품평회에서 우승할 만큼 좋은 쌀을 재배하는 일에 전념하고 있던 가와사키 에게도 대두 농사로의 전작을 강요했지만, 그는 이를 거부했다. 그러자 정부는 그의 쌀 수매를 거부했다. 이는 사활의 문제였다. 당시의 시스템은 농협이 수매하지 않은 쌀을 팔 수 없도록 되어 있었기 때문이다. 그래서 그는 위법행위임을 알면서도 굳이 암 거래 쌀 판매점을 열어 직접 팔기로 했다. 그가 재배한 쌀은 정

---

* 　減反: 경지면적 줄이기.

부수매쌀 이상으로 품질이 좋고 맛이 좋았기에 소비자들로부터 호평을 받고 팔려나갔다. 그의 가게 앞에는 줄이 이어졌다.

"소비자가 국가의 법률과 정책의 희생이 되고 있다."고 확신한 가와사키는 식품관리법과 감반정책의 결함과 모순을 공개적인 자리에서 밝히고자 "나를 체포하라!"며 식량청으로 나가 싸움을 걸었다. "왜 좋은 쌀을 만들고 있는데 파는 걸 허용하지 않는가?" "소비자는 좋은 쌀을 요구하고 있지 않은가!" 그는 매스미디어에도 자주 등장하여 식량청을 도발했다. 마침내 1992년 식량청은 가와사키를 식품관리법 위반 혐의로 고발하여 재판이 이뤄졌다. 가와사키는 식품관리법과 주세법을 위반했다 하여 유죄 판결(벌금 300만 엔)을 받았지만, "식품관리제도에 모순이 있다."는 재판관의 판단을 끌어내 결국 그해 식품관리법은 폐지되었다. 이후 농가는 자유롭게 쌀을 판매할 수 있게 되었다. 장하도다!

가와사키 덕분에 현재 우리는 맛좋은 쌀을 먹을 수 있게 되었다. 유죄 판결과 벌금은 그에게 심한 타격이었지만, 그가 식량청을 법정에 끌고 나오지 않았다면 식품관리법이라는 법률은 사라지지 않았을지도 모른다. 소비자에게 품질 좋고 맛좋은 쌀을 제공하고 싶다는 그의 농부로서 양심과 신념과 정열이 불합리한 법제도 하나를 바꾸었던 것이다.

식품관리법을 따르다가 사망한 야마구치 판사와 함께, 자신의 불이익을 마다하지 않고 이 법률을 폐지로 내몰았던 가와사키의 이름을 일본인(특히 법학부생)은 잊어서는 안 된다고 생각한다.

자신이 마실 술을 자신이 만드는 게 뭐가 나쁜가?

가와사키가 유죄로 된 이유의 하나인 주세법이라는 것도 "요새 세상에 이런 법도 있나?" 고개를 갸우뚱하게 만드는 법률이다. 특히 술을 좋아하는 나로서는 평소에도 빨리 없어지길 바랐던 법률이다.

이 법률은 비록 자신이 마시기 위해서뿐이라도 알코올 성분 1% 이상의 술 제조는 금하고 있다. 애초에 왜 이런 법이 만들어졌는가 하면 메이지시대(1868-1912년)에 부국강병·식산흥업을 위한 재원으로서 주세가 중시되었던 데서 비롯한다. 술꾼으로부터 세금을 거두기 위해 직접 빚어 즐기는 것을 금하고 면허자가 제조한 술을 사도록 한 것이었다.

시대는 쇼와(1926-1989년). "주세법은 비정상적이다!"라고 생각한 사람도 역시 있었다. X는 무면허로 청주 등을 자가제조한 혐의로 기소되어 제1심에서 유죄 판결을 받았고, 항소심에서도 기각되었다. 그래서 X는 자신이 즐길 뿐인 술을 만드는 것마저 규제하는 주세법은 헌법 제13조에서 보장하는 자기결정권·행복추구권을 침해하는 위헌 법률이라 하여 상고했다.

이에 대해 대법원은 1989년 "(주세법에 의해) 자기소비 목적의 주류 제조의 자유가 제약된다고 해도 그러한 규제가 입법부의 재량권을 일탈하여 현저하게 불합리한 사정이 명백하다고는 할 수 없는바, 헌법 13조에 위반하는 것이 아니다."고 판단하여 기각했다. 자기소비 목적의 술을 제조하는 것이 자기결정권·행복추구권에 포함되는지 아닌지에 대한 판단은 정작 회피한 채, 입법부에 촌탁*한, 정말로 애매모호한 나쁜 판결이라고 나는 생각한다.

나의 의문을 말하라면 이렇다. 도대체 소비세를 비롯해 온갖 세금이 존재하는 오늘날 세수 중에서 과연 주세가 메이지시대만큼 큰 비중을 점하고 있는가? 또 설령 자기소비를 위한 술의 제조를 허가했다고 하여 일본의 모든 술꾼이 직접 손이 많이 가는 양조를 하여 판매주를 일체 사지 못하게 만들 거라고 생각하는가? 자신이 즐기기 위해 만드는 식품은 그것 말고도 많이 있을 텐데(장아찌류 등), 왜 술만 규제하는가? 본디 예로부터

---

* 忖度: 상대의 마음을 미루어 헤아림.

일본인은 직접 술을 빚었다. 일본에 한하지 않고, 술은 그 나라의 식문화와 깊은 관련을 갖고 있다(프랑스, 독일, 이탈리아 등에서는 자가양조를 금지한 적이 없고, 과거 금지한 적이 있는 영국과 미국에서도 그 후 해금했다). 술도 문화 그 자체라고요! 세수(稅收)를 위한 자가양조의 금지는 그야말로 일본 청주 문화의 부정이라고 해야 한다

나는 직접 술을 빚는 능력을 갖고 있지 않지만 언론에서 이 악법과 싸울 것이다! 주민(酒民)적 불복종이다!

살인적 호우 속에서도 등교하는 대학생

위로부터 명령받은 것을 그저 지키기만 한다. "법률이니까" "규칙이니까" "정부가 말한 거니까"라는 이유로 아무 생각 없이 무조건 지킨다. 이는 보신을 위해 사고를 멈추고, 그저 다수파의 무리 속에 있고 싶은, 그로 인해 지배당해도 상관없는, 그 결과 무슨 일이 벌어지든 자신은 책임을 지지 않고 싶은 속마음의 발로(發露)다. 그러나 명령을 내린 권력자와 법률은 자기에게 충실한 그런 사람들이 어떻게 되든 알 바 아니다. 결국 법률과 규칙, 명령을 마주하고 그것에 따르면 어떤 일이 벌어질지, 그것이 좋을

지 아닐지, 스스로 진지하게 생각해보고 행동하는 것이 나을 거라고 나는 생각한다. 그처럼 생각하는 자세는 일반적으로 법을 존중하는 삶의 방식과 모순되는 것이 아니다.

요즘의 대학생은 성실하다. 가엾을 만큼 성실하다. 예컨대 새벽부터 방재 속보 알람이 연달아 울리고 기상 정보는 호우 정보를 발하며 이른 아침부터 JR*의 일부 구간이 운전 중지되고 또 그런 구간이 확대되어가는 분위기인데도 "대학에서 휴강 연락이 없었다."면서 위험을 무릅쓰고 1교시 강의 출석을 위해 등교한다.

"이렇게 큰비가 오는데 외출하는 건 위험해. 못 돌아올 수도 있어. 안전을 위해 쉬자."고 스스로 판단하지 못하고, 오로지 '대학으로부터 지시'의 유무에 따라 행동한다. 이유는 "혹시라도 강의가 진행되어 출석을 체크할지도 모르니까."라는 것이다. 출석과 몸의 안전 중에 뭐가 중한가?

그러나 요즘의 대학생을 "스스로 판단하지 않는 지시 대기자"라고 비판하는 것은 그들·그녀들에게 가혹하다. 요즘의 대학생들이 이렇게 가엾을 정도로 성실해질 수밖에 없었던 것은 대학이 출결을 체크하게 된 것(초등학생도 아닌데), 그리고 (옛날에

---

* 일본의 철도회사.

는 없었던) 학기 15회 강의라는 룰 때문에 대학이 어지간한 일이 아니면 휴강을 하지 않게 된 것 등, 문부과학성에 의한 대학의 속박이 강화된 것에 기인한다.

지금으로부터 40년 가까이 전에는 15회 룰은 말할 것도 없고 실러버스도 레쥐메*도 판서도 없었으니(휴강도 제법 있었다) 지금 문부과학성의 눈으로 보면 정말 한심한 대학 교육이었겠지만, 바로 그렇기 때문에 학생은 "이런 교수진에겐 기대할 게 없다."(단, 연구 면에서는 훌륭한 교수진이 많았지만)는 위기감을 느끼고, 그렇다면 "나는 어떻게 해야 하는가?"를 진지하게 생각하여 자력으로 필사적으로 공부했다. 바로 이런 분위기 하에서 야마나카 신야(山中伸弥)** 등 노벨상을 수상하는 뛰어난 사람이 나올 수 있었던 것이다.

지금의 대학도 대학이다. 좌우간 요즘은 사립대학들도 관이 말하는 것을 바보들처럼 무비판적으로 듣고 있으니, 순수하게 자란 좋은 아이였던 학생들까지 그렇게 되어버렸다. 이렇게 착실한 학생들은 졸업 후 취직하고 나서도, 호우 경보가 발동되든, 비바람이 몰아치든, 강둑이 터지든, 화산이 분화하든, 지구가 멸

---

*　실러버스(syllabus): 강의 요목. 레쥐메(résumé): 요약.
**　일본의 의학자이며 줄기세포 연구자다. 2012년에 존 거든과 공동으로 노벨 생리학·의학상을 수상했다.

망하든, 회사에서 지시가 없는 한 오로지 출근시간에 신경 쓰면서 직장으로 향할 것이다.

나 같은 불량 교원에게 현대 학생들에게 한마디 하라면 이 말을 하겠다. "목숨을 소중히."*

카카시 선생의 말

『NARUTO―나루토―』라는 〈주간소년점프〉에 연재되었던, 세계적으로 큰 인기를 끈 만화가 있다. 이 중에 내가 무척 좋아하는 에피소드가 있다. 이 장의 마무리로 소개한다.

닌자학교를 졸업한 나루토, 사스케, 사쿠라 3인조는 견습 닌자인 '게닌(下忍)'**으로 인정받기 위한 시험을 받게 되었다. 이 시험은 카카시 선생이 몸에 지닌 방울을 빼앗는 서바이벌 연습인데, 엘리트 닌자인 '조닌(上忍)'의 방울을 빼앗는 건 쉽지 않아서 지금까지 탈락자 66%라는 초난관 시험이다.

---

* RPG 게임 〈드래곤 퀘스트〉에서의 작전 코멘트.
** 닌자는 수행도에 따라 상급인 조닌(上忍), 중급인 주닌(中忍), 하급인 게닌(下忍)으로 나뉜다.

시험을 받은 세 명은 모두 자신밖에 생각하지 않아 팀워크가 엉망이다. 화가 난 카카시 선생은 룰을 어긴 나루토를 나무에 묶어놓고 "나루토에게 점심밥을 주지 마라. 만일 먹을 걸 주면 그 순간 실격이다. 여기서는 내가 룰이다."라고 으름장을 놓고는 자리를 떴다.

룰을 어기면 세 명 모두 불합격이 되고 만다. 그런데 꼬르륵 배에서 소리가 나는 나루토에게, 가장 빨리 인자가 되고 싶었을 사스케는 가만히 도시락을 건넸다. "점심 후에 셋이서 카카시의 방울을 빼앗으러 간다. 그때 (점심을 못 먹은 나루토가) 걸리적거리면 나도 곤란하니까."라는 이유였다. 이는 명백히 명령 위반이다. 아니나 다를까, 그것을 안 카카시 선생이 "이놈들!" 하고 안색을 바꾸며 날아왔다. 아, 불합격이다! 하고 각오했던 세 사람. 그런데 웬걸, 카카시 선생은 갑자기 만면에 웃음을 띠며 "합격♡".

"엥?" 놀라서 어리벙벙해 있는 세 명에게 카카시 선생은 이렇게 말했다. "지금까지 다른 놈들은 순순히 내 말만 따르는 멍청한 녀석들뿐이었지. 닌자는 속의 속을 읽을 줄 알아야 한다. 닌자의 세계에서 룰이나 규칙을 어기는 자는 쓰레기 취급을 받지. ……하지만! 동료를 소중하게 여기지 않는 녀석은 그보다 더한 쓰레기다."

나는 이 카카시 선생의 대사 중 '닌자'를 '사람'으로, 그리고 '동료'를 '자신과 타인의 생명'으로 바꿔 써서 여러분에게 전하고 싶다.

제5장

적령기의 아이에게 피임의 자유를 허하라

— 법과 도덕

Q: 곤경에 빠진 사람을 보고 못 본 체하는 것은 허용되는가?

Q: '히치하이크 여행'은 경범죄?

하찮은 인간의 마음을 헤아리는 법철학

앞 장에서도 말했지만, 나는 술을 무척 좋아한다. 술을 마시지 않으면 일할 기분도 나지 않는다. 마시기 위해 일한다고 해도 과언이 아니다. 그래서 금주법 같은 것이 시행된다면 내게 그것은 이 세상의 종말이다.

미국에서 예전에 금주법이라는 법률을 시행한 적이 있었다. 그러나 인간의 욕구나 기호를 법률로 봉쇄하는 것은 불가능하다. 금지해도 욕구하는 것은 어떻게든 욕구하게 돼 있다. 결과적으로 사람들은 술을 찾아 어둠의 세계를 찾았고, 이로써 마피아가 대두하게 되었다.

금지한다고 되는 게 아닌 것이다. 19세기 영국에서 노동자가 값싼 술을 마시는 통에 이런저런 문제가 일어난 건과 관련하여 "몸과 마음, 사회에 좋지 않으니 술집을 줄이자."는 의견이 제기되었다. 그러나 영국의 철학자 존 스튜어트 밀(John Stuart Mill: 1806-1873)은 이에 반대하여, "술에 취해 타인에게 위해를 가하는 자에 대해서는 규제해도 되지만 술 그 자체를 규제해서는 안 된다."면서 술집 면허제를 제안했다. 노동자는 다 큰 성인이다. 술을 원하는 그들의 욕구를 억누를 필요는 없다. 문제인 것은 술을 마시고 난폭해지는 자다. 그러니 그런 자가 나오지 않도록 단단히 관리할 수 있는 술집에 라이선스를 주고, 그곳에서 술을 자유롭게 제공하면 된다는 것이다. 실로 합리적이지 않은가.

인간에게는 식욕·수면욕·성욕을 비롯해 술이나 담배 등 참기 어려운 근원적·전통적인 기호에의 갈망이 있다. 그런데 현대에서는 그것들에 나쁜 딱지를 붙이고, 그런 걸 이겨내는 사람이 바람직한 인간이고 참아내지 못하는 사람은 하찮은 인간이라고 단정하는 풍조가 강해지고 있다.

하지만 그런 초인적인 일을 만인에게 요구하는 것은 현실적이지 않다. 법률은 성인군자에 대해서가 아니라 욕망에 저항하지 못하는 대부분의 하찮은 인간을 향한 것이다. 그렇다면 차라리 욕망을 인정하고 그런 위에서 나쁜 결과가 되지 않도록 궁리하는 게 좋지 않을까?

대체로, 선악을 정해놓고 사람들에게 권력으로써 이렇게 하라 저렇게 하라고 강제하는 규정이나 규칙 중에는 제대로 된 게 없다. 교칙이 그중에서도 제일이다. 어떤 고등학교에서는 "머리는 검어야 한다."며 태어날 때부터 갈색 머리를 가진 소녀에게 염색을 강요했다. 무리하게 계속 머리를 염색했던 소녀는 두피에 손상이 와 고통을 호소했다. 그 교사는 이에 대해 사과는커녕 아무리 "금발의 외국인 학생이 유학 왔다 해도 검게 염색시킨다."고 말했다고 한다. 이는 사고정지다. 대체 머리색이 교육에 어떤 영향을 미친다는 것인가? 머리가 검지 않으면 교육을 제대로 할 수 없다는 것인가? 그렇다면 교사들도 제대로 교육을 하기 위해 머리를 염색해야 할 것이다. 백발의 선생도 까맣게 염색해야 하고, 머리카락이 듬성듬성한 선생도 두피에 유성펜으로 검게 칠해야 한다.

적령기의 아이에게 피임의 자유를 허하라

적령기에 들어선 소년소녀의 연심(戀心)은 멈추지 않는다. 부모나 교사가 아무리 금해도, 아니 금지하면 금지할수록 10대 아이의 사랑과 성에 대한 욕망은 점점 더해간다. 부모의 눈을 피해 좋아하는 아이와 만나 키스하거나, 그러다가 끝내 섹스하기도 하는 건 충분히 있을 수 있다. 하지만 그 결과 임신하게 된다면 큰 일이다. 그런 사태를 막기 위해 어떻게 하면 좋을까?

한 가지 흔한 방법으로 생각할 수 있는 것이 '~세 미만 아이의 성행위를 금지하는' 법률이나 조령의 시행이다. 하지만 그것과 다른 또 하나의 방법이 있다. 아무리 금지해도 미성년자가 성행위 할 것임을 인정하고, 차라리 그 아이들에게 피임을 자유롭게 할 수 있도록 하는 방법이다. 이는 실은, 영국의 보건성이 1985년에 내린 판단이었다. "16세 미만 아이의 피임이더라도 부모의 승낙 없이 할 수 있다."는 결정을 내린 것이다.

부모에게 피임의 방법을 물어봐야 통상은 가르쳐주지 않을 것이고, 오히려 "너, 이상한 짓 하는 거 아니니?" 하며 외출 금지나 감시가 한층 심해질 게 뻔하다. 그래서 지금까지 아이들은 피임 지식 없이 성교를 했다가 원하지 않는 임신을 하게 되는 나쁜 결과가 허다하게 있어왔다. 그런 이유로 영국 정부는 피임 조치 없이 성교하는 아이가 부모의 허가가 없어도 필* 등 피임 수단을 얻을 수 있게 한 것이다.

물론 이 판단에 대해 반대의 목소리가 터져 나왔다. 길릭(Gillick)이라는 여성이 "부모의 승낙 없이 자녀가 자유롭게 피임할 수 있는 것은 친권 침해"라며 소송을 제기한 것이다. 그녀의

---

* pill: 경구피임약.

주장은 이렇다. ① 본래 16세 미만 자와의 성행위 자체가 위법인데, 그 가능성을 예측하고 필을 처방하는 것은 위법한 성행위에 가담하는 것이다. ② 친권의 적용 범위에 관한 사항의 결정을 의사만이 단독으로 내린다면 친권의 침해다.

이래서 재판이 진행되었다. 제1심(고등법원·재판관 1명)에서는 길릭 패소, 제2심(항소원)에서는 3 대 0으로 길릭 승소의 과정을 거쳐, 결국 제3심(대법원 귀족원)에서는 2대 3의 근소한 차로 길릭의 패소, 즉 정부의 판단이 인정되었다.

길릭의 생각은, 의사가 아이의 동의에만 근거해 피임 수단을 주어선 안 된다는 법규정이 있으면 부모의 관여를 개재시킴으로써 아이의 미성숙한 성행위를 억지할 수 있다는 것이다. 이는 아이의 성에 관해 지금까지 대체로 상식처럼 여겨온 규제 방법을 주장하는 것으로, 아마도 현재 일본에서도 지지자가 많을 것 같다.

그러나 피임 수단이 주어지지 않는다고 해서 과연 아이는 성행위를 선뜻 단념할까?……라는 의문을 품으면 전혀 다른 사고방식이 생긴다.

만일 길릭이 말하는 것과 같은 법규제가 실시될 경우 일어날 수 있는 일을 생각해보자. 임신양성반응이 나온 아이는 부모에게 통보될 것이 두려워 의사와 상담하기를 포기하고, 결과적으로 중절 또는 기르지 못할 아이를 낳는 등, 더 나쁜 사태가 증가할 우려가 있다. 게다가 스스로 위험한 피임법을 시도하거나 무허가의사에게 중절을 받는 등 심각한 일도 벌어질 수 있다. 즉, 무조건 엄하게 금압하는 것이 역효과를 낳을 가능성이 있는 것이다.

그렇다면 금압하지 말고, 차라리 아이는 어떻게든 성행위를 한다는 걸 인정하고 나쁜 결과가 되지 않도록 컨트롤하는 편이 낫지 않을까, 하고 나는 생각한다. 재판에서 근소한 차이지만 최종적으로 정부의 판단이 지지되었던 것도 그 같은 사고방식을 가진 재판관이 적지 않았기 때문일 것이다. 어떤 재판관은 "유일한 실제적인 방침은 의사가 자신의 환자인 소녀의 이익에서 보아 무엇이 최선인가에 대한 재량을 하고 그 견해에 따라 그녀에 대한 행동을 하는 것"(프레이저 경)이라고 썼다.

함 리덕션

타인에게 심각한 위해를 주지 않고, 만일 손해가 있다 해도 그 손해가 당사자에게만 미치는 행위가 있다. 그리고 그 행위의 옳고 그름에 대해서는 사람들의 가치관 차이 때문에 일률적으로 결정할 수 없는 경우가 적지 않다. 무분별한 성인의 성행위와 사려 깊은 미성년자의 성행위를 비교하여, 전자는 OK고 후자는 NO라고 가름할 이유가 어디에 있는가?

사람들이 욕구를 멈출 수 없는 행위(성행위, 도박, 알코올, 담배, 가벼운 마약 등)를 엄하게 금지해도 그·그녀들은 그것들을 찾아 어둠의 세계로 향할 것이고, 그런 사람들을 단속하려면 세금이 끝없이 들어갈 뿐이다. 그렇다면 차라리 되도록 비범죄화하여 일단 인정하고 최악의 결과가 되지 않도록 그런 사람들을 이끌어가는 건 어떨까?

이처럼 금지로 인한 역효과, 단속에 드는 비용과 형벌 등 종합적인 위해와 해악을 최소화하기 위해 종래에 범죄로 되어왔던 사항을 공인하고 컨트롤하는 방법을 함 리덕션(Harm Reduction, 위해의 감소)이라고 한다.

이는 현대 서양의 다양한 장면에서 도입되고 있다. 가령 미성년자 사이에 HIV[*]의 만연을 억지하기 위해, 자유로운 성교를 금지할 게 아니라 적극적으로 성교육을 실시하고, 경우에 따라서는 콘돔을 배포하여 위험을 회피하도록 하는 예가 있다. 미국

---

[*] Human Immunodeficiency Virus(인간 면역결핍 바이러스). 인간의 몸 안에 살면서 면역기능을 파괴하는 바이러스로, 에이즈를 일으킨다.

콜로라도주는 2014년 1월부터 기호용 대마를 합법화했다. 이유는 방대한 예산을 투입해 규제해왔지만 상황이 전혀 개선되지 않고, 당연히 세금 낭비라는 목소리가 높아진 데다 본래부터 해금론자가 있기도 하여, 그렇다면 차라리 비범죄화하여 컨트롤하자는 방침으로 전환했기 때문이었다.

이런 조치들에 대해 물론 강한 반발과 저항이 있었을 것이다. 예를 들어 콘돔의 배포는 곧 미성년자에게 섹스를 권장하는 게 아니냐는 비판의 목소리도 있었다. 그러나 조치가 바뀌었다고 해서 평소 흥미 없는 일을 일부러 시작하는 사람은 별로 없을 것이다. 그보다는 무지하고 무모한 성행위로 인한 이병(罹病)* 리스크를 줄이는 목적에 직접 연결되는 만큼 과도한 금지보다는 더 유익하다는 것이 내 생각이다. 길릭이 비판한 영국 정부의 조치도 이 같은 사고방식에 바탕하고 있을 것이다.

기분 나쁜 건강증진법

법과 도덕은 십계에서 보듯이 내용적으로 무거운 것도 있다(살

---

* 병에 걸림.

인하지 말라, 도둑질하지 말라 등). 그러나 특정한 도덕을 법으로 사람들에게 강제한다면 어떻게 될까? 일본에도 '오지랖 넓은 돌봄법'이 있다. 건강증진법이다.

그 제2조에서 "국민은 건강한 생활습관의 중요성에 대한 관심과 이해를 깊이 하고 생애에 걸쳐 자신의 건강상태를 자각함과 더불어 건강 증진에 노력해야 한다."고 명하고 있다.

이런 식으로 사람에게 특정한 생활방식을 명령하는 법률은 왠지 싫다. 어떻게 살든 개인의 맘이다. 또한 그 사람의 직업, 인생의 목적에 따라서는 건강 증진에 힘쓰지 못하는 경우도 있다. 일본의 많은 샐러리맨은 위가 쓰리고, 혈압이 높고, 운동 부족과 불규칙한 식사로 혈당치와 요산치도 올라가 있다. 훌륭한 작품을 만들어내기 위해 술과 담배로 몸이 망가지는 아티스트도 있다. 프로복서는 늘 두부 손상과 뇌장애의 위험에 노출돼 있다. 신기록을 목표하는 애슬리트*는 그 대가로 반드시 신체의 어딘가를 혹사하여 통증을 겪고 있다. 그런 한편, 미디어는 늙수그레하지 마라, 약이나 영양제를 먹고 달리기를 하라고 부채질한다. 그러나 본래 살아가는 것 자체가 죽음에 가까이 가는 것이니, 건강에 반하는 셈이다. 완벽하게 건강하고 싶다면 아무것도

---

* athlete: 육상선수.

하지 않으면, 즉 사는 것을 멈추면 된다.

이런 법률이 가능한 이유는 상상이 간다. 고령사회에서 공적 의료보험의 부담이 이 이상 늘어나면 곤란하니 모두들 병에 걸리지 않도록 하세요, 라는 것이리라. 국민은 자신들을 위해서가 아니라 국가의 사회보장을 위해 건강해지도록 요구받고 있는 것이다. 그러나 정부 홍보가 아닌, 특별히 법률의 형태를 취하여 사람의 생활방식을 지시하는 처사에는 기분이 나빠진다. 어쩌면 장차, 건강관리를 하지 않는 사람에 대해 무슨 제재 규정을 추가하려고 꾸미고 있는지도……

덧붙이자면, 건강진단과 암진단, 금연운동을 처음 도입한 것은 나치스였다. 그것은 개인을 위해서가 아니라 총통과 국가를 위해 노동력으로 쓰일 인간을 선발하여 건강을 유지시키기 위함이었다. 건강제국이란 결국 기업과 국가를 위해 쓰일 인간을 기르고 유지하기 위한 것이다. 따라서 나치스는 8시간 수면과 채식을 국민에게 장려하고 있었다.

하지만 그런 건강제국도 그 이면에서 알코올의존자, 동성애자, 정신장애자를 박해하고, 병 등으로 노동력 면에서 쓸모없는 인간은 지체 없이 안락사 시켰다. 그러니 국가에 의한 건강 강제는 조심하는 게 좋다. 사람에게는 불건강하게 살 자유도 있다.

도덕을 법으로 강제당하고 싶습니까?

법에 의한 도덕의 강제를 긍정하는 사고방식을 리걸 모럴리즘 (legal moralism)이라 한다.

예를 들어 영국에서는 1960년대까지 동성애를 법률로 금하고 위반하면 중벌을 과하게 되어 있었다. 이는 "이성애는 정상이고 동성애는 비정상이다."는 차별적인 도덕을 법으로 국민에게 강요하는 것이었다.

오래도록 존속한 이 법률에 대해 1960년대부터 그 적부(適否)를 따지게 되었다. 그중에서도 제4장에서 거론한 법실증주의자 하트와 보수파 재판관 데블린(Devlin) 경 사이에, 이 법을 포함해 리걸 모럴리즘의 시비를 둘러싸고 전개된 논쟁이 유명하다. 데블린 경은 "다수파의 성도덕으로부터 일탈한 자는 다른 점에서도 사회에 적대적이 되고 마침내는 법을 범하여 절도, 사기, 살인 등의 범죄로 손을 더럽히게 될 것이다."라는 편견에 찬 이유에 기반하여 동성애금지법을 옹호했다. 그러나 자유주의적인 하트는 공리주의의 발상도 수렴하여, "밀실에서 이뤄지는 동성애 행위로 인해 이성애자인 누군가에게 해가 미치지는 않는다. 그럼에도 형벌이라는 해악으로 그것을 금하는 것은, 사람들의 자유를 위축시키는 해악을 늘릴 뿐이다. 그러므로 편견을 담은 도덕을 법률의 형벌로써 강제해서는 안 된다."며 동(同) 법을 비판했다.

리걸 모럴리즘 입장에 선 데블린 경은, 사회에는 사람들이 공유하는 '공공도덕'이 있어야 한다고 주장했다. '공공도덕'이란 사회인들의 생활과 행위에 대한 사회 전체의 집합적인 도덕 판단으로, 그 원천은 주로 감정에 의해 판단하는 '시정인(市井人)'(서민)의 상식으로 구성된다. 이 같은 도덕을 갖지 않은 사회는 필연코 실패할 것이므로 법으로 강제해야 한다는 것이다.

그에 반해 하트는 '공공도덕'처럼 특정한 내용(거기에는 차별이나 편견도 포함된다)을 가진 도덕을 '실정도덕'이라 부르고, 그것을 법으로 강제하는 것은 다른 의미에서 도덕적으로 잘못된 것이라고 부정했다. 하트는 도덕을 두 종류로 나누고, '실정도덕' 그리고 그것을 비판하는 이성적인 '비판도덕'(권리를 존중한다, 사람들의 행복을 증대시킨다 등)이 있다고 했다. 그 '비판도덕'의 관점에서 '실정도덕'과, 기존의 사회제도를 법으로 강제하는 걸 거절했던 것이다.

여러분은 어떻게 생각하는가? 서민 다수파의 감정에 기초하는 '공공도덕'을 확정하고 그것을 법으로 사람들에게 강제해야 할까? 아니면 특정한 내용을 가진 도덕의 법적 강제를 모든 사람의 권리 평등과 자유를 위해 부정해야 할까?

예컨대 "결혼이란 이성끼리 하는 것이며 아이를 낳기 위한 것이다."라는 서민 다수파의 결혼 도덕을 '공공도덕'으로 하여, 법으로 그것을 강제하는 사태를 상정해보자. 그럴 경우 결혼하고 싶지 않은 사람·결혼이 불가능한 사람, 동성애자나 양성애자들, 결혼해도 아이를 낳지 못하는 사람들의 삶의 방식이 "생산성이 낮다"든가 "낳지 않는 게 문제"라는 등, 왠지 정치가 같은 말투로 부정당하게 될 것이다. 그래도 좋을까?

'히치하이크 여행'은 경범죄?

"올 여름방학은 학생 생활의 추억을 만들기 위해 일본 전역을 무전여행 할 거예용~." 정말이지 태평한 대학생이 생각할 법한, 철이 없다고나 할까 무모한 계획이다. 그런데 이 선언(?)을 블로그에서 본 사람으로부터 "그건 법에 저촉되지 않나요?"라는 지적이 나왔다. 그 법률이란 '경범죄법'이다.

'경범죄법'에는 국민에게 생활방식·행동방식을 강요하는 부분이 있다. 이 법에는 34개의 행동이 열거돼 있고, 만일 그것들 중어느 것에 해당하는 행위를 하면 구류 또는 과태료(가벼운 벌금)의 제재를 받게 된다. 지금 든 예에 대해 말하면 '무전여행'이라는 것은 22항 "구걸을 하거나 또는 구걸을 시킨 자"에 해당하지 않을까 싶다.

'무전여행'은 타인의 정(情)에 기대는 것이지만, 때로는 아르바이트를 하는 경우도 있을 수 있으므로 엄밀히 그에 해당하는지 아닌지는 의견이 갈릴 것이다. 그런데 여기서 하나 마음에 걸리는 것은 '구걸'이라는 생활 패턴이 범죄에 준하는 것으로 위치되고 있는 점이다. 타인의 재물을 훔치거나 강탈하면 범죄가 되지만, 그저 타인의 정에 기대어 살아갈 뿐인데 왜 똑같은 범죄로 보는 걸까?

대승불교를 확립한 사람 중 하나인 바수반두(Vasubandhu, 世親)는 타인에게 얻어먹으면서 깊은 사색을 하여 장대한 불교적 우주관을 전개했다고 한다. 그런 삶의 방식에도 나름의 충분한 의의가 있는 것이다. 그럼에도 일본에서는 법률로써 노동하는 삶의 방식을 강요하고 있다.

4항에는 이렇게 되어 있다. "생계의 방도가 없는데도 일할 능력이 있으면서 직업을 가질 의사가 없는, 또한 일정한 주거를 갖지 않은 자로 여기저기 방황하는 것." 즉, 회사에도 토지에도 묶여 있고 싶지 않은 자유 추구자, "일하면 지는 것"이라는 신조를 관철하며 바람처럼 마음대로 유랑하는 삶을 사는 인간은 처벌당하게 된다. 일본의 경우, 사건 보도에서 흔히 '주거부정·무직'

이라는 것이 강조되어 마치 '주거부정·무직'이 곧 범죄예비군인 것 같은 인상을 주는데, 그것이 법률화되어 있다고 해보자. 일정한 직업을 갖고 일정한 주소에 정주하는 삶을 영위하지 않으면 사람으로서 문제가 되어 처벌당하게 된다. 생활방식의 강제다.

하지만 '주거부정·무직'이 필연적으로 타인에게 위해를 가하는 원인이 될까? 방랑하는, 마음씨 좋은 프리터*의 생활방식에 무슨 문제가 있다는 것일까?

여기서, 법률이 국민에게 특정한 삶의 방식을 강제하는 것의 문제점을 좀 더 파고들어가보자.

만일 '1억 명 전체 히어로화'법이 시행된다면

길을 가다가 이런저런 곤궁에 처한 타인, 예를 들면 무서운 형님들에게 둘러싸여 있는 타인과 조우했을 때 당신은 직접 나서서 구할 것인가? 상황에 따라 다르겠지만, 아마 자기 혼자라도 구

---

* '자유로움'을 뜻하는 프리(free)와 '노동자'를 뜻하는 아르바이터(arbeiter)를 합성한 일본의 신조어. 1987년 일본의 구인잡지인 〈리크루트〉에서 능력이 됨에도 불구하고 직업을 갖지 않고 평생 아르바이트만으로 생계를 이어가는 '사회인 아르바이터'를 지칭하면서 처음 사용됐다.

하러 나서겠다고 단언할 사람은 그리 많지 않을 것 같다. 기껏해야 몰래 경찰에 신고하거나, 주변에 다수의 아군이 있을 경우라면 좀 뒤쪽에 서서 함께 구하러 갈 참이었다고 말할 것이다.

2018년 신칸센 전차 안에서 승객을 갑자기 손도끼로 공격한 자를 위험도 마다않고 몸으로 막아섰다가 애석하게도 절명한 남자*가 있었다. 하지만 이렇게 숭고한 의무감으로 구조 행동을 하는 건 일반인으로서는 감히 나서기가 어려울 것이다. 그럼에도 이럴 때 누구나 적극적으로 구조해야 한다는 법률이 생기면 어떻게 될까? 『나의 히어로 아카데미아』**에서처럼 목숨을 걸고 사람을 구조하는 전능한 히어로가 되라고 요구한다면 어떻게 될까? 실은, 그러한 법률이 바야흐로 시행되려 한 적이 있었다.

발단은 1964년 뉴욕의 주택가였다. 키티 제노비스(Kitty Genovese)라는 여성이 귀가 도중에 남자에게 습격당했다. 비명을 질렀지만 주변의 몇 채 있는 주택에서는 아무도 나오지 않았다. 그런 기색을 알아챈 남자는 그녀에게 30분 이상이나 폭행을 가했고 결국 그녀는 무참하게 살해당하고 말았다.

---

* 2018년 6월 9일 밤 10시쯤 신칸센 열차에서 20대 청년이 갑자기 손도끼를 꺼내 20대 여성 2명을 공격한 사건. 범인을 막아섰던 30대 회사원은 목과 어깨 등에 부상을 입어 결국 숨졌고, 여성 2명은 중상을 입었다.
** 『僕のヒーローアカデミア』는 〈주간소년점프〉에 2014년부터 연재 중인 만화다. 개성 없던 소년 주인공이 최고의 영웅으로 성장해가는 히어로물.

그런데 그 후 놀라운 사실이 밝혀졌다. 그녀가 죽음에 이르기까지 주택 안에 있던 38명의 사람들은 그녀의 비명을 분명하게 듣고 있었지만 경찰에 신고한 사람은 없었다. "창에서 밖을 보았지만 딱히 아무 일도 없었기 때문"이라고 이유를 댔지만, 사실은 휘말리고 싶지 않아서였을 것이다.

이 사건은 '키티 제노비스 사건'이라 하여, 뉴요커 그리고 미국 전역에 충격을 주었다. 타인에 대한 무관심, 무사안일주의가 이리도 심했나, 사람들은 탄식했다. 이 사건을 계기로, 미국에서도 위험에 처한 사람의 구조를 시민에게 법적으로 의무화할지에 대한 논의가 이루어졌다.

신약성서의 「누가복음」에 이런 이야기가 있다. 노상강도를 만나 가진 걸 모두 빼앗기고 심한 상처를 입은 사람을 보고 아무도 모른 체했으나(개중에는 성직자도 있었다), 한 사마리아인이 그를 자신의 집으로 데려가 상처를 싸매주었다. 사마리아인은 다음 날 피해자를 여관으로 데려가 돈은 자신이 낼 테니 이 사람을 치료해달라고 부탁했다는 이야기다. 이것은 '선한 사마리아인'이라고 불리는 예화로, 여기에서 '선한 사마리아인법(Good Samarian Law)'이라는 법원칙이 영미법에 정착했다.

'선한 사마리안법'이란 병자, 부상자 외에 궁지에 몰린 사람을 구하고자 대가 없이 선의의 행동을 했을 경우, 비록 그 결과가 실패더라도 구조자의 책임을 묻지 않는다는 내용의 민사상 법리다. 오늘날에는 캐나다 각 주와 미국에서 시행되고 있다. 구조 의무의 의무화는 독일과 프랑스, 이탈리아, 스페인에서도 보인다.

여기서, 더 일반적으로 구조 의무를 법률적으로 강제하는 것의 시비(是非)에 대해 생각해보자. 법이 제재를 수반하여 구조 의무를 국민에게 직접 강제했을 경우 어떻게 될까? 이는 도덕 없는 사회를 교정하기 위해 법을 도구로 쓰는 것이지만, 각 개인에게 구조할지 말지를 선택하는 자유가 있어야 하는데 그것을 근저로부터 부정하는 게 되고 만다.

물론 궁지에 몰린 사람을 용기 있게 구조하는 행위는 고상하고 아름답다. 그러나 자기 몸이 소중하니 쓸데없는 일에 휘말리고 싶지 않다든가, 설령 소심자, 냉혈한, 겁쟁이, 약골이라고 욕을 먹을지언정 자신의 사정을 최우선하는 것에 가치를 두는 삶의 방식도 있지 않을까? 인간은 딱히 히어로로 살지 않아도 된다. 또한 구조 의무의 기원이 기독교인 점에서, 비신자가 수용하지 않는 의무를 일반적으로 강제하는 것은 신앙의 자유에 반한다는 사고도 있다.

차라리 '구조하지 않는 자유'를 인정하고, 그럼에도 '구조하는 자유'를 선택하는 사람들에게 안심하고 구조 활동을 할 수 있도록 지원하는 법률을 시행하는 것이 좋지 않을까? 즉, 구조 행위에 따르는 손실을 보전 또는 경감하도록 법률을 정비하는 것이다. 구조 활동 때 부상을 입었다면 그 치료와 휴업 등으로 발생한 경제적 부담을 비용 상환하는 것, 구조 때 어쩔 수 없이 행한 파괴나 손실 등에 대해 행위자를 면책하는 것 등이다. 이런 법제도가 확실하게 정해져 있으면, 구조할지 말지 망설이는 사람 중에 등을 떠밀리는 사람이 나올 수도 있을 것이다.

건강하고 근면하고 용기 있고 타인에게 다정한…… 모두가 그런 사람들이면 좋겠지만, 그런 사람들만 사는 나라는 없을 것이고, 그런 나라라면 애초에 법률 따위는 필요 없을 것이다. 이 세상은 하찮은 인간 투성이다. 법률은 하찮은 인간에게 억지로 무리한 주문을 해서는 안 된다. 그러면 모두가 부서져버리기 때문이다. 이 세상의 법률이란, 하찮은 인간을 그대로 놔두고 그들이 해를 끼치지 않도록 어떻게 유도할 것인가의 기술이라고 생각하는데, 이런 생각 자체가 하찮은 것인가?

입바른 논의가 아니라 하찮은 인간이라도 납득할 수 있는 사회 만들기에 필요한 사고, 그것이 바로 '악마의 법철학'이다.

제6장

다수의 행복을 위해 당신이 희생되어 주세요

- 공리주의

Q: 인플루엔자 백신이 얼마 없을 때 누구를 우선하여 배분할까?

Q: 사람을 죽여 장기 이식을 하면 다섯 명의 생명을 구할 경우 희생은 정당화될 수 있는가?

사실은 이렇게 다정한 공리주의

좌석 수가 그리 많지 않은 카페에서 단 한 잔의 커피를 시켜 놓고 장시간 죽치고 앉아 노트북 좌판을 두드리거나 스마트폰을 만지작거리는 사람이 있다. 커피를 다 마시고 나서 거지반 한 세기가 지났는지 컵 안은 물기 한 점 없다. 혹은 떼로 몰려와 딱 한 잔의 음료만 주문하고는 재잘재잘 떠들면서 한없이 자리를 독점하고 있는 무리가 있기도 한다.

솔직히 그런 손님은 가게의 입장에선 성가실 것이다. 입 밖으로 말을 꺼내지는 않겠지만, 다른 손님도 받고 싶으니 빨랑 돌아가든지, 오래 앉아 있을 양이면 주문하든지, 그렇게 생각할 게 틀림없다. 당연히 새로 가게에 들어오고 싶은 손님에게도 그런 앞 손님은 방해꾼이다. 그러나 가게 주인도 다른 손님도 당사자 또는 당사자들에게 직접 주의를 주기는 어렵다. 왜냐하면 "커피한 잔밖에 안 시켰지만 나는 버젓한 손님이다. 나에게는 한 잔의 커피로 이 가게에서 오랜 시간 즐길 권리가 있다."는 식으로 되받아칠 게 뻔하기 때문이다. 그래서 자꾸만 물을 따라주어 귀찮게 하거나 음악 볼륨을 서서히 높여 앉아 있기 어렵게 하는 등 간접적으로 눈치를 줄 수밖에 없다.

물론 한 잔의 커피밖에 주문하지 않은 손님을 냉대에서는 안 된다. 하지만 그 손님이 권리를 방패 삼아 눌러앉음으로 하여 다른 사람들의 즐거움을 방해하거나 가게 매출에 악영향을 미칠 경우 이를 그냥 방치해도 될까? 그건 아니라고 생각하는 사람들도 결코 적지 않을 것이다.

그 감정을 이치에 닿는 말로 표현하면 이렇다. "손님은 당신만 있는 게 아니다. 가게 바깥에서 기다리고 있는 사람들도 당신과 마찬가지로 즐기고 싶어 한다. 그러니 당신의 '느긋하게 즐길 권리' 행사를 가능하면 다른 사람들도 느긋이 즐기게끔 자제해주기 바란다." 이것이 바로 '최대 다수의 최대 행복'이라는 캐치프레이즈로 알려진 공리주의의 출발점이다.

공리주의의 시조 제레미 벤담(Jeremy Bentham: 1748-1832)은 무척 다정한 사람이었다. 신분차별이 심했던 영국에서 "쾌를 추구하고 불쾌를 피하고 싶어 하는 점에서는 귀족이나 빈민이나 마찬가지"라며 모든 사람을 평등하게 취급하고, 가능한 한 많은 사람들의 행복 증진과 불행 감소를 위한 입법과 정책을 추진하는 데 평생을 바쳤다. 그의 덕분에 1인 1표의 보통선거가 실현되었다.

또한 그의 자애의 시선은 멸시하는 걸 당연하게 여겼던 죄수에게도 향했다. 당시 감옥의 환경은 불순하고 열악해서, 투옥되면 살아서는 나올 수 없다고 할 정도였다. 이에 대해 벤담은 죄수에게도 더 건강한 환경을 제공해야 한다며, 파놉티콘(Panopticon. 전체 전망 감시시스템)에 의한 감옥 개혁을 생각했다. 이는 중심에 감시실이 있고 거기에서 방사 모양으로 빙 둘러 있는 독방들을 감시할 수 있는 구조인데, 죄수는 계속 감시당하고 있다는 의식 때문에 스스로 자신의 일상생활을 규율할 수 있고, 한편으로 감옥 측에서 보면 감시 비용을 최소화할 수 있는 것이었다. 실제로 이 구조는 미국과 쿠바의 감옥에서 채용하고 있다.

벤담의 삶 자체에도 공리주의의 다정함이 보인다. 당시 여우 사냥은 영국 신사의 기호(嗜好)였지만, 벤담은 "쾌를 추구하고 불쾌를 피하는 점에서는 동물도 마찬가지다. 따라서 여우에게 쓸데없는 고통을 주어서는 안 된다."며 자신은 여우 사냥을 하지 않았다. 또한 사람이 죽는 모습을 보고 정신적인 고통을 받지 않도록 자신의 임종 전에 하인을 퇴실시켰다고 한다. 그 밖에 자신의 유체를 앞으로 의학의 발전에 소용되도록 미라로 남길 것을 요구했다는 에피소드도 있다.

즉, 벤담의 철학은 이 세상의 모든 살아 있는 것들을 가능한 한 많이, 가능한 한 현상보다 행복하게 하고 싶다는 박애정신에 밑바탕하고 있었던 것이다.

독점은 허용되지 않는다! ─ 최대 다수의 최대 행복

벤담이 자연권(사람이 태어나면서부터 갖는, 국가 성립 이전부터 존재하는 신성불가침의 권리)이라는 발상을 부정했던 것도 (그것이 역사적으로 증명되지 않는다는 이유도 있었지만) 사람들이 그 권리를 고집함으로 말미암아 그것 말고도 되도록 많은 사람들이 행복해지는 것을 방해하는 사태가 벌어지기 때문이었다.

예컨대 이런 예를 들어보자. 프리미엄 굿즈가 딸린 만화가 점포에 진열되자마자 한 열렬 팬이 전부 매점해버렸다. 항의하는 다른 손님들에 대해 그 팬이 가로되, "나는 예전부터 누구보다 열렬히 이 만화를 사랑하는 팬이었고, 개점 전부터 줄을 섰고, 분명히 내가 착실히 모은 돈으로 샀고, 법에 저촉되는 일은 전혀 하지 않았다. 그런데 뭐가 잘못됐다는 거냐?"

이 매점 팬의 행위와 이유를 자연권 사상의 관점에서 평가하면 어떻게 될까? 로크의 자연법에 따른다면, 자기노동으로 획득한 재산은 그 사람의 정당한 소유물이며, 그것을 자유롭게 처분하는 것은 그 사람의 신성불가침한(즉, 타인으로부터 개입당해서는 안 되는) 권리다. 그런 관점에서 보면 매점 팬의 행위는 자신의 정당한 재산을 자기 판단으로 자유롭게 처분한 것이며, 또한 타인을 폭력으로 강압하는 따위의 짓은 하지 않은 이상 전혀 문제될 게 없다. 그러나 이 사고방식에는, 같은 굿즈 첨부 만화를 구입하지 못한 다른 다수 팬들의 분한 감정에 대한 배려가 없다.

한편, 이 예를 공리주의의 입장에서 보면, 매점 팬의 완전한 권리 행사는 다른 다수 팬의 굿즈 첨부 만화를 구매할 행복을 빼앗고 그 결과 '최대 다수의 최대 행복'의 실현을 가로막으니 허용할 수 없게 된다. 공리주의적 사고의 이점은, '최대 행복'을 독점하는 게 아니라 모두 나눠 가질 것을 요구하는 점에 있다.

지금 검토하고 있는 예에서 예컨대 100개 있는 굿즈가 총량 100의 행복을 가져다준다고 하자(행복을 정량화할 수 있는가의 문제는 차치하고). 굿즈를 매점 팬이 독점하면 그 사람은 100의 행복을 만끽하게 되지만, 사지 못한 다른 99명은 행복 제로가 된다. 그래도 행복의 총량은 100이지만 그 100은 한 인간에게 향유되고 있을 뿐이다. 반면에 매점을 금지하고 굿즈를 한 사람당 한 개씩 구입하게 하면 1인당 행복은 1이지만 그런 사람이 100명이 되어 결과적으로 행복의 총량은 100이 된다.

100×1+0×99=100이 좋은가, 아니면 1×100=100이 좋은가? 공리주의는 후자를 취한다. 1인당 행복량이 줄어들더라도 전원이 행복해진 결과 행복의 총량이 최대가 되는 게 훨씬 낫다는 것이 공리주의의 사고방식이다.

따라서 이 입장에 서면 매점 권리의 행사는 당연히 제한된다. 이 점에 대해 벤담은 이렇게 말하고 있다. "공리성의 원리란, 이익이 문제되는 사람들의 행복을 증대시키는 것으로 보이는가 아니면 감소시키는 것으로 보이는가의 경향에 따라…… 모든 행위를 시인하거나 또는 부정하는 원리를 의미한다."(『도덕 및 입법의 원리 서설Introduction to the Principles of Morals and Legislation』, 1789년.)

그러나 오해가 없도록 주의해두자면, 그렇다고 공리주의가 "다수자의 행복을 위해 소수자를 억압하는" 걸 정당화하는 사상은 결코 아니라는 것이다. 타인의 행복을 부당하게 빼앗지 않는 한에서, 소수자도 더 행복해져야 한다는 것이다. 벤담은 동성애가 범죄로 되고 있던 당시의 영국에서 "공권력은 식탁 문제에 개입하지 않는데 왜 침대 위의 일에 개입하는가."라고 서술하여 동성애를 옹호했다. 또한 벤담에 이어 공리주의의 제1인자가 된 밀(제5장 참조)은, 사람은 타자에게 위해를 가하지 않는 한 자기 판단으로 무슨 일을 해도 좋으며, 그것을 공권력이나 사회 다수파가 억압해서는 안 된다는 '위해(危害) 원리'를 주장했다.

약속보다도 박애를!

공리주의는 이렇듯 "가능한 한 행복한 사람이 늘어나도록"을 생각하기 때문에 법률학의 원칙들과 충돌하는 경우가 많다. 이를테면 법률학의 원칙 중 하나로 "계약은 지켜져야만 한다."는 것이 있다. 하지만 계약의 준수가 사람들의 행복 증대로 연결되지 않을 경우 공리주의는 그 계약의 불이행을 긍정하기도 한다. 또한 가지 예를 들어보자.

당신과 친구가 조난하여 무인도에 다다랐다. 일가친척이 없는 친구는 당신에게 "나는 살아서 내 나라에 돌아가지 못할지도 모르겠다. 자네가 살아서 귀국한다면 한 가지 들어주었으면 하는 소망이 있다. 내 전 재산을 근사한 내 기념관을 건립하는 데 써주기 바란다."고 말했고, 당신은 꼭 그러마고 약속했다. 친구는 자신의 계좌번호 등을 전부 당신에게 알려주었고, 당신은 약속은 반드시 지키겠다고 맹세하며 그런 취지의 문서를 작성했다. 그 후 친구는 죽고 당신은 살아남아 다행히 구조되었다.

자국으로 돌아온 당신은 친구와의 약속을 지키려고 했지만, 우연히 본 보도에서 지금 당장 수술하지 않으면 반드시 죽고 말 아이가 있는데 그 수술비가 너무 비싸 감당 못 하고 부모와 아이 모두 비탄하고 있다는 사실을 알게 되었다. 친구의 재산을 쓰면 바로 그 아이를 수술할 수 있다. 더욱이 무인도에서 나누었던 약속에 대해 아는 사람은 아무도 없다. 그렇게 생각한 당신은 죽은 친구와의 약속을 지킬지 아니면 친구의 재산으로 죽어가는 생명을 구할지 생각했다.

생각해보니, 죽은 친구의 기념관을 세워봤자 그 친구는 이미 이 세상에 없고, 유명하지도 않고 일가친척도 없는 친구의 기념관을 찾아올 이도 거의 없을 것 같다. 기념관은 지금 살아 있는 사람들에게 어떤 행복도 이익도 줄 수 없다. 반면, 빈사에 빠진 아이를 수술하여 그 생명을 구하면 이 세상에 새로운 행복을 가져다주게 된다. 자, 어떻게 할 것인가?

"가능한 한 행복한 사람이 늘어나도록"이라는 공리주의의 사고방식에서 보면, 약속을 지켜 아무도 즐겁게 하지 않고 사람들에게 아무 이익도 가져다주지 않는 기념관을 세우기보다, 바람 앞의 촛불과 같은 생명을 구조하기 위해 거금을 쓰는 편이 올바를 것이다. 그렇다면 죽은 친구와의 굳은 약속을 저버리고, 거금을 난치병 아이의 수술비로 충당하는 것이 맞다. 절실한 소망을 부탁한 친구에 대해서는 지독한 배신행위지만, 지금 살아 있는 사람들의 행복과 이익을 늘리는 목적을 우선하다 보니 어쩔 수 없다.

여기서 분명해지는 것은, 공리주의는 분명 박애정신에 바탕하고 있지만 그에 기초하여 한정된 재산을 어떻게 쓸지, 어떻게 분배할지를 생각할 경우, 사람들을 비교하고, 어떤 사람들에게 우선적으로 이익을 주어야 하는가(그럴 때 어떤 사람을 후순위로 하는가, 또는 어떤 사람을 아예 제외하는가) 하는 지독한 판단을 강요당하게 된다는 것이다.

사람들을 선별하지 않으면 안 되는 공리주의

나는 2018년 삿포로에서 예고 없던 대지진을 만났다. 홋카이도 이부리(胆振) 동부 지진이다. 그 직후부터 블랙아웃, 홋카이도 전역에 걸친 대정전이 시작되어 아주 오랜 시간의 정전에 곤혹스러웠다. 내가 묵은 곳에 전기가 통하기까지 39시간이나 걸렸다. 그런데 지역에 따라서는 그보다 빨리 전기가 통한 곳이 있었다. 관공서, 방송국, 병원, 경찰, 대학 등이 소재한 지역은 비교적 빨리 회복했다. 한꺼번에 전면적인 회복이 불가능할 경우 가급적 빨리 전기가 필요한 시설, 즉 병원이나 방송국 등이 우선될 수밖에 없다는 것은 이해할 수 있다. 하지만 그 한편으로 슈퍼마켓이나 음식점 등은 회복이 늦어져 결과적으로 많은 신선식품이 상했고, 또 유업(乳業)도 큰 데미지를 입었다.

행정이 한정된 재산, 희소한 재산을 사람들에게 분배할 때에는 어느 층에게, 무슨 이유로 우선적으로 제공하는가를 즉각 판단하지 않으면 안 된다. 그 판단을 할 때도 공리주의가 이용되는데, 최대 다수의 최대 행복을 위해 어떻게 분배할지를 생각하는 것은 꽤 어렵다. 왜냐하면 사람들에게 "행복이란 무엇인가?"라는 물음 자체가 간단히 답이 나오는 문제가 아니기 때문이다. 그래서 역으로 최소 불행을 따져보는 발상이 나온다. 사회의 어느 층 사람들에게 희생을 씌우는 편이 더 나은 결과가 되는가, 더 손실이 적은가, 또는 불만의 소리가 적어지는가 하는 점을 고려하게 된다. 이러한 공리주의는 불이익을 당하는 사람들을 골라내는 이론으로 화한다.

2009년 일본의 수험 기간에 인플루엔자가 유행했다. 백신에는 한정이 있었고, 당연히 일본 내의 수험생들이 "나부터 먼저" 쇄도할 우려가 있었다. 그래서 후생노동성은 백신 투여의 우선순위를 정했다. 현역 고등학교 3학년생을 우선하고 재수생을 후순위로 한다는 것이었다.

후생성의 생각은 다음과 같은 것이었다. 고등학교 3학년생은 원칙적으로 매일 등교해야 하기 때문에 인플루엔자 감염자가 한 명이라도 있으면 전교에 만연할 우려가 있다. 그렇다면 그·그녀들의 다수가 입시에서 불리해진다. 그에 비해 재수생은 현역생

만큼 절박하지 않고, 기본적으로 집에서 공부해도 되고 사람들이 많이 모인 곳에 나올 일이 그리 많지 않으니 꼭 급히 백신을 투여하지 않아도 되리라는 것이다.

하지만 이 선별 이유는 오해로 가득차 있다. 재수생도 현역 고고생과 마찬가지로 (오히려 또다시 실패하고 싶지 않아서 더 열심히) 수험에 필사적이며 그래서 다소의 무리를 해서라도 학원에 다닌다. 리스크는 양쪽 다 같다. 더욱이 이 선별의 배경에는 현역 합격 쪽이 가치가 높다(그래서 지켜져야 한다)는 일본 특유의 대학 수험관이 있다. 현역생에 비해 재수생은 실패에 익숙하니 후순위로 해도 될 거라는 편견도 은근히 보인다.

애초에 사람들을 평등하게 보아 가능한 한 많은 사람들을 행복하게 하려는 생각에서 나온 공리주의가 "사회 전체의 불이익을 최소한으로 하자."는 발상으로 전환되는 순간, 불이익을 당해야 할 사람들을 찾아내는 선별 사상으로 바뀌고 만다. 그리고 그러한 선별을 할 때 방금 살펴본 실례처럼 편견과 멸시가 작동하거나, 최종적으로는 불리해지는 사람 수 크기로 결정하게 된다. 하지만 그런 선별은, 물론 선별의 책임을 지는 입장에 따라 다르겠지만, 그리 쉽게 할 수 있는 게 아니다.

예를 들어 다음과 같은 경우를 생각해보자. 일란성결합쌍둥이로 태어난 A와 B는 신체가 허리와 엉덩이 언저리부터 붙어 있다. B의 심장이 충분히 기능하지 않아서 그대로 성장하면 A의 심장에 2인분의 부담이 가해져 둘 다 죽고 말 게 확실하다. 지금 분리 수술을 하면 B는 죽지만 A는 산다. 자, 당신이 이 쌍둥이의 담당의사라면, 혹은 쌍둥이의 부모라면 어떻게 판단할 것인가? 분리 수술을 실시하여 한 명을 희생하고 다른 한 명을 오래 살게 하는 것과, 수술을 하지 않고 짧은 기간이나마 둘 다 살게 하는 것 중 당신은 어느 쪽을 선택할 것인가?

의사나 타인이라면 전자를 선택하는 경향이 강하겠지만, 부모라면 혼자라도 살아남는 게 좋다고 가벼이 판단할 수는 없을 것이다. (참고로, 이 케이스는 실제로 일어났던 사건이다.)

그러면 다음과 같은 경우는 어떤가? 테러리스트에게 하이재킹당한 민간항공기가 고층 빌딩을 향해 돌진하고 있다. 고층 빌딩에는 무고한 수천 명의 사람들이 있고, 한편 항공기에는 수백 명의 그 또한 무고한 승객이 타고 있다. 이때 당신이 만약 정부 고위관료라면 어떤 판단을 내릴 것인가? 단지 희생자 수의 많고 적음에 착안하여, 빌딩의 수천 명을 구하기 위해 항공기를 즉각 격추하여 수백 명을 희생시키는 결단을 내릴 것인가? 공리주의적으로 결정하면 살아남는 사람의 수가 많은 쪽을 선택하겠지만, 과연 아무 망설임 없이 그렇게 결단할 수 있을까? 만약 하이재킹당한 항공기가 대통령이 타고 있는 전용기라면? 고층 빌딩에 흉악한 테러 집단이 틀어박혀 있다면? (2001년 9월 11일의 뉴욕 동시다발테러 때 당시의 부통령*은 하이재킹당한 항공기를 '무기'로 간주하여 항공기를 격추하는 판단을 내렸지만, 그 전에 항공기는 추락했다.)

복지국가가 행했던 '생명의 선별'

복지국가는 사회적 약자를 배려한 정책을 시행하기 때문에 인도적이고 이상적으로 여겨지며, 오늘날 자유주의 국가 대부분이 정도의 차이는 있지만 복지국가라고 할 수 있다. 그러나 그 복지정책을 시행하기 위한 재원은 세금이고, 더구나 세금은 무진장 나오는 것이 아니므로 당연히 그 지출을 할 때 엄밀한 선별이 이루어질 수밖에 없다.

일본에서도 구 우생보호법(優生保護法) 하에서 장애자 등에 대해 강제 불임수술을 한 것이 밝혀졌지만, 정부 예산의 거의 절반을 복지예산으로 투여하여 세계에서 가장 복지가 충실한 국가로 알려진 스웨덴에서도 예전에 유전병자와 지적장애자에 대해 강제 단종·불임수술을 했던 사실이 1995년에 밝혀져 충격

---

* 딕 체니(Dick Cheney). 출생연도는 1941년이며, 사망연도는 아직 기재되어 있지 않다.

을 주었다.

복지가 충실한 국가에서는, 그런 만큼 잔혹한 이야기지만, 재정 지출을 줄이기 위해 특별 지출을 요하는 국민들의 증가를 막으려는 경향이 있다. '자유의 나라' 미국에서도 지금부터 100년쯤 전에 명 재판관이자 명 법학자로 유명한 올리버 웬델 홈즈 주니어(Oliver Wendell Holmes Jr.: 1841-1935)가 강제 단종을 긍정한 적이 있었다.

제1차 세계대전 후 영미의 사회적 급진파는 과학의 힘으로 사회에 유익한 자손을 가능한 한 많이 남기려 생각했는데, 그 역(逆)의 방법으로서 '사회적 부적격자'가 더 이상 자손을 남기지 못하도록 지적장애자, 상습범죄자 등에 대해 강제적 단종을 가하는 정책을 추진했다. 특히 미국 버지니아주에서는 1927년 단종법이 시행되어 유전성 지적장애로 진단된 여성을 강제 단종하게 되었다. 이에 그 주법의 위헌성을 판단하는 연방대법원의 재판이 열렸는데, 홈즈는 다음과 같은 말로 그 주법에 대한 이해를 드러냈다. "우리가 무능력자들 때문에 망쇄*되는 것을 방지하고자, 국가의 힘을 약화시키는 사람들에 대해 사소한 희생도 요구할 수 없다는 것은 기묘한 일이다."

---

* 忙殺: 정신없이 바쁨.

참고로, 복지정책의 충실에 비판적이고 '작은 정부'를 표방하는 정부에서는 태어난 아이를 선별하지 않는다는 특징이 있다. 1980년대의 미국에서 중증 장애를 안고 태어난 신생아에 대해 의사와 양친이 "오래는 살지 못하고, 살더라도 다분히 이 아이는 괴롭고 불행할 것이다."라고 판단하여 안락사시킨 사건(베이비 두* 사건)이 있었다. 이에 대해 인디애나주 대법원은 유아를 안락사시킨 양친의 결정권은 "생명의 질(Quality of life)이 거의 없는 것이나 마찬가지일 경우"에는 유아의 살 권리에 우선한다고 양친의 결정을 인정하는 판단을 내렸다.

그러나 이를 접한 당시의 레이건 대통령은 즉시, 이는 아동학대이자 차별이라고 반발하며, 법무부와 보건복지부에 지시하여 장애를 가진 모든 신생아 치료를 의무화하는 가이드라인 '베이비 두 규칙'을 시행했다. '생명의 질'이 없는 것이나 같다는 이유로 신생아에 대한 구명의료 조치를 정지해서는 안 된다는 자세를 보인 것인데, 이 규칙에 따라 치료나 수술을 거부하는 부모들 중 일부는 법원에서 친권을 박탈당하고 아이의 감독권은 주(州)로 이양되었다. (그러나 그 후 미국 소아과학회와 매스미디어의 반대로 이 규칙은 폐지되었다.) 레이건 대통령 하면 '작은 정부'로 감

---

* Baby John Doe.

세정책을 취하고 반복지국가적인 자유존중주의자로 알려져 있지만, 개인의 자유를 최우선한다는 점에서 태어난 생명에는 모두 살 자유가 있다는 사고도 가지고 있었다.

자, 어떨까? 국가가 국민을 돌보아주는 대신에 사회의 부담이 되는 생명을 낳지 말아주세요 라고 말하는 것과, 국가는 특별히 원조는 하지 않지만 어떤 생명이든 태어나면 살게 해주세요 라고 말하는 것 중 당신은 어느 쪽에 공감하는지?

살릴 자와 죽어야 할 자를 선별한다 — 상당히 무서운 공리주의

본래 공리주의는 귀족뿐 아니라 사회 모든 입장의 사람들이 지금보다 더 행복해지고 그럼으로써 모든 이의 행복 총계가 최대가 되도록 하는 박애주의에서 생겨났다. 그러나 그 사상을 정책으로 실현하고자 하면, 아무래도 한정된 예산과 재정 때문에, 사회의 목적이나 복리를 얻는 사람에 대한 우선순위를 매기고, 더 여유가 없는 경우에는 누군가를, 그리고 뭔가를 절사*하는 것을 허용하게 된다.

---

* 切捨: 잘라서 버림.

앞의 버지니아주 단종법의 예에서 보듯이 국력 신장의 목적을 위해 유익한 자손을 늘리는 정책은, 그에 반하는 것으로 보이는 자손의 탄생을 불가능하게 하는 차별로 이어졌다. 본래 국력이란 무엇인가, 단순한 부국강병만이 국력인가, 하는 점에도 의문이 있지만, 어쨌든 한 나라의 정치가 다양성에 대한 관용을 잃고 특정한 목적을 향해 돌진할 때 공리주의는 박애주의에서 차별과 절사의 사상으로 바뀌어버린다.

그 측면을 보고, 제3장에서도 언급한 현대 정의론의 시조인 롤즈는 공리주의는 개인의 권리 존중에 적대하는 사상이라고 혹독하게 비판했다. 그러나 이렇게 되어버린 것은 벤담 탓이 아니다. '최대 행복'은 본래 다양한 사람들의 다양한 행복의 집적이어야 했는데, 현대 정치가 거기에 경제성장이니 생산성이니 군사력과 같은 특정한 내용을 집어넣었기 때문에 이렇게 된 것이다.

우수한 두뇌와 운동능력을 가진 사람들이 내장에 치명적인 질환을 갖고 있다. 어떻게든 건강해져서 그 능력을 국가를 위해 발휘했으면 좋겠는데, 이식할 수 있는 건강한 장기의 스톡*이 없다. 그래서 정부는 국민을 널리 훑어보고 건강한 육체를 가지고 있지만 이 나라에 살아갈 가치가 없다고 보이는 범죄자와 인간

---

*   stock: 비축.

쓰레기를 리스트업했다. 그런 사람들을 살려둬봐야 세금의 낭비이니, 건강한 내장을 빼내어 유익한 병자들에게 이식하자고 생각했다. 한 명으로부터 심장, 간장, 안구, 신장, 골수를 빼내 이식하면 다섯 명을 살릴 수 있다. 그렇게 살아난 사람들은 정부에 감사하며 그 후의 인생을 국가를 위해 바칠 것이다. 한편으로 국가에 아무 이익도 되지 않는 세금 낭비 무리들이 죽어주는 것이니 도랑 치고 가재 잡는 격이다……라는 식으로 되면 어떻게 될까?

이는 영국의 제럴드 코언(Gerald Allen Cohen: 1941-2009)이라는 윤리학자가 제기한 예화에 내가 약간의 가미를 한 것인데, 단순한 상상화라고 딱 잘라 말할 수 있을까? 물론 이 예는 의료기술이 발달하여 사람에서 사람으로 장기 이식이 필요치 않게 되는 시대를 맞이하면 무효가 되는 이야기지만, 문제는 거기에 있지 않다. 국가 목적과 공리주의를 결부하면 한 사람 한 사람의 인권은 제쳐버리고 국민을 선별하는 것도 긍정하게 되는 점이 문제인 것이다.

그러나 나아가 이런 제안도 있을 수 있을 것이다. 선별이 차별이라서 당치 않다고 한다면, 황족도 수상도 재계 거물도 슈퍼스타도 사형수도, 좌우간 국민 모두가 일제히 제비뽑기를 하여 당첨된 사람이 좋아하든 말든 그로부터 장기를 적출하면 어떨까?

만인을 상대로 제비뽑기를 한 것이니 차별은 아니지 않은가, 라고 말이다. 확실히 겉으로는 차별이 아니지만, 여기서 인간은 장기를 담고 있는 용기(容器), 즉 물건으로 간주되고 있다. 그래도 되는 것일까?

사람을 행복을 느끼는 '주체'가 아니라 행복 최대화를 위한 '수단'으로 파악하기 시작했을 때, 공리주의는 냉혹한 선별 사상으로 일전한다. 본래 사람에 따라 가치관이 다른데 만인에게 공통하는 행복의 내용을 결정할 수 없고, 그것을 할 수 있는 자격을 가진 사람도 없다. 이를 모르는 인간이 정치가가 되어 짝퉁 공리주의를 휘두르며 "LGBT*는 생산성이 낮다."든가 "LGBT가 늘어나면 나라가 망한다."며 어리석은 발언을 의기양양한 얼굴로 하기 때문에 곤란한 것이다.

공리주의는 우리가 직관적으로 이해하기 쉬운 발상인 까닭에 강력한 논리로서 사회를 지배하고 있다. 박애주의에서 차별·박해까지, 백으로도 흑으로도 되는 편리한 철학을 당신은 어떻게 마주할 것인가?

---

* 성소수자. Lesbian, Gay, Bisexual, Transgender.

제7장

인류가
에조사슴처럼
구축되는 날

— 권리 그리고 인권

Q: 동물에게 권리가 있는가?

Q: 당신의 인권은 '극한상황'에서 지켜질 수
있는가?

개그에 저작권을 인정한다면?

요즘엔 국민적 대히트곡이 나오지 않는다. 오락과 기호의 다양화, 음악 청취방법의 변화 등 여러 원인이 있겠지만, 곡의 권리 관리가 강화되어 길거리에서 불특정다수가 들을 수 없게 된 것도 이유 중 하나라고 생각한다. 옛날에는 〈다시 만날 날까지〉[*]나 〈여자의 길〉[**] 등 거리에 나서면 어디에서든 들려와 남녀노소, 하다못해 유아까지도 부지불식간 기억하게 되는 노래가 있었다. 그런데 지금은 가령 가게 주인이 자신이 경영하는 가게에서 비틀즈의 곡을 손님 앞에서 노래했다가는 JASRAC[***]로부터 곡을 무단 사용했다 하여 저작권 침해로 고소당하는 형편이다.

---

[*]   〈また逢い日まで〉. 1971년에 발표된 아자키 기요히코(尾崎紀世彦)의 노래.
[**]   〈女のみち〉. 1972년에 발표된 미야 시로(宮史郎)의 엔카.
[***]   일본음악저작권협회.

물론 JASRAC가 하는 일의 의미는 안다. 작사·작곡가의 저작권을 지키고 곡의 사용료를 정확히 확보하여 본인에게 환원하기 위해서라는 걸. 그렇다고 해도 일반인이 자기 가게 안에서 몇 안 되는 손님 앞에서 노래하거나 미용실에서 CD를 틀거나 음악 교실에서 교재로 쓰는 것까지 일일이 눈을 번뜩이지 않아도 되지 않을까 싶다.

저작권의 권리 강화에 대해서는 법철학계에서도 비판적인 논의가 있지만(모리무라 스스무, 『자유는 어디까지 가능한가』*), 일단 여기서는 백보 양보하여 곡의 무단 사용으로 작사·작곡자의 저작권이 함부로 침해되는 것을 어떻게든 막아야 한다고 하자. 그러나 곡이 대히트하기 위해서는 우선 그 노래가 길을 걷는 많은 사람들의 귀에 들어가 인상에 남을 필요가 있지 않을까?

예전에 자신의 개그를 도둑맞았다며, 한 개그맨이 "개그에도 저작권을 인정하라."고 말한 적이 있었다. 뭐, 그것 자체도 개그겠지만, 만일 정말로 그리된다면 어떻게 될까? 물론 개그도 창작물이다. 하지만 우선 타인들이 그것을 따라하지 않으면 그 개그는 유행하지 못한다. 따라할 때마다 본가에 사용료를 지불해

---

*　森村進, 『自由はどこまで可能か』.

184

야 한다면 "잠시만요."도, "히가시무라야~마~."도 그렇게 유행하지는 못했을 것이다. 이 대사들은 전국의 천진한 아이들까지 따라하게 되어 국민적 개그가 되었다. 나도 중학교 체육시간에 "잠시만요." 했다가 교사를 성나게 한 적이 있었다.

창작자의 인센티브를 보호하기 위해 저작권을 어느 정도 지켜주는 게 중요하다는 것은 안다. 하지만 예능 일에서 지나치게 권리 권리 하지 않는 편이 결과적으로 아티스트에게 좋지 않을까 생각한다.

의사설과 이익설

권리의 발로는 의사능력을 가진 개인의 요구다. 공화정 로마 시대부터 시민이 재판에서 행한 다양한 요구들(용익권, 지역권 등)[***]

---

[*] "ちょっとだけよ."는 〈8시라구! 전원 집합(8時だョ!全員集合)〉이라는 개그프로그램에서 가토 차(加藤茶)라는 개그맨이 연발하여 웃음을 자아냈던 개그 중 하나. 이 프로그램은 1969~1985년까지 TBS 계열에서 방송되었다.

[**] 역시 〈8시라구! 전원 집합〉에서 일본의 국민개그맨 시무라 켄(志村けん)이 써서 엄청나게 유행했던 말이다. 히가시무라야마(東村山)는 시무라 켄의 고향인데, 그것을 특유의 억양으로 엉뚱한 장면에서 씀으로써 폭소를 일으켰다. 시무라 켄은 2020년 코로나19 바이러스에 감염되어 70세의 나이로 사망했다. (한국의 뉴스에서도 크게 보도되었다.)

[***] 用益權: 다른 사람의 소유물을 일정 기간 사용하여 이익을 얻을 수 있는 권리. 地役權: 자기 땅의 편익을 위하여 남의 땅을 이용할 수 있는 권리. 남의 땅을 통행하거나 물을

중 일반인이 주장하고 행사하는 바가 정당하다고 인정되는 것이 권리의 원형이었다. 따라서 권리는 단순한 요구와는 다르다. 단순한 요구 중에는 개인적인 '자기만의 욕심'에 불과하고 그래서 일반적으로 인정되지 않는 것들이 허다하다. "타인의 숨이 섞여 있는 공기를 마시고 싶지 않으니 내 주변 사람들은 모두 숨을 멈추라."고 요구하는 자가 있다고 해서 그러한 요구가 인정될 리 없다. 그자를 위해 우리가 숨을 멈추고 질식사할 의무 따위는 없다.

본래 권리란 사람이 보유하며, 주장하고 행사하는 바가 정당하다고 공적(公的)으로 간주되는 것이다. 따라서 그 주장되는 바를 완수해야 할 의무를 지닌 구체적인 타인의 존재가 필요하다. 당연히 "나는 미남에게 사랑받을 권리가 있다!"고 떠들어봐야 그런 건 성립되지 않는다.

권리는 먼저, 의사능력을 가진 개인의 주장임과 아울러 그에 대응하는 타인의 의무를 수반하는 것이다. 그리고 나아가 그 타인의 의무를 권리자 자신의 의사에 따라 이행시키거나 면제할 수 있는 지배력이기도 하다. 이 같은 권리 설명을 '의사설'이라 한다.

당연히 권리는 사람에 의해 주장되지 않으면 시작되지 않는다. 그러나 이런 생각에만 의거하면 의사능력을 갖고 주장할 수

끌어 가는 따위의 권리.

없는 사람, 예컨대 신생아나 중증정신장애자, 뇌사상태의 사람 등은 권리를 갖지 못한 것으로 되어버린다. (또한 일본의 경우 민법 3조 ① 의 "사권[私權]의 향유는 출생에서 시작한다."와도 모순된다.)

그래서 권리란 본인의 주장을 기다리지 않고 그자의 '지켜져야 할 이익'을 법적으로 보호하는 것이라는 논의가 19세기경 법실증주의로부터 생겨났다. 법률은 인위적으로 만들어지며, 따라서 권리란 법에 의해 의도적으로 보호되는 이익이라는 이 두 번째 권리 설명을 '이익설'이라 한다.

'이익설'에 서는 편이 권리를 가진 사람들의 범위를 확장할 수 있고 개인으로부터 결코 빼앗을 수 없는 권리(불가양[不可讓]의 권리라 한다. 예컨대 생명권, 표현의 자유 등)를 설명할 수 있다. 신생아나 뇌사상태의 사람에게도 그 생명이 지켜지는 게 이익이므로 생존권이며, 태아가 어떤 상태로 될 생명이라고 해서 그리 간단히 중절할 수 없게 된다.

토끼가 소송했다

말을 할 수 없는 동식물, 산, 강 등 '자연'에도 권리가 있다는 '자연의 권리'론에 기초하여 동물이 재판의 원고가 된 일이 있다.

아마미검은멧토끼* 소송이다.

아마미오 섬의 골프장 개발을 저지하기 위해 그곳에 서식하는 토끼 등 동물 4종이 "우리가 쾌적하게 살 권리를 침해하는 개발을 중지하라."며 소송했다. 물론 해당 토끼들이 화가 나 눈이 시뻘게져서 고소장을 들고 "소송한다, 깡충." 하고 재판소로 간 것은 아니다. 인간 변호사들이 해당 토지의 개발을 못 하게 하려고 그곳에 사는 동물의 '이익'을 근거로 동물을 원고로 하여 소송을 제기했던 것이다.

결국 원고인 토끼들에게는 행정사건소송법상 원고의 자격이 없고 '자연의 권리'라는 것도 현행법 체계상 인정이 되지 않는다고 하여 각하되었다. 그러나 이 소송은 아무 의미가 없는 건 아니었다. 가고시마(鹿兒島) 지방법원의 판결문에서, '자연의 권리'는 "사람(자연인) 및 법인의 개인적 이익 구제만을 염두에 둔 종래 현행법의 틀을 앞으로도 그대로 두어야 하는가 하는 지극히 곤란하고 또한 피해 갈 수 없는 문제를 우리에게 제기했다."고 적시하여, 원고의 문제제기는 일단 그 의의를 인정받았던 것이다.

오늘날 복지국가로 일컬어지는 나라들에서는 대체로 약자를 위해 새로운 권리가 창설되는 경향이 있다. 일본에서도 1960년

---

* 아마미오(奄美大) 섬과 도쿠노(德之) 섬에서만 발견되는 원시적인 토끼.

대에 고층건물이 우후죽순처럼 난립하는 가운데 갑자기 옆에 세워진 건물 때문에 햇볕이 차단되자 일조(日照)를 빼앗긴, 또 빼앗길 것 같은 사람들의 절실한 목소리가 터져 나왔고, 여기서 발단하여 '일조권'이 인정되었다. 또한 '혐연권'이 정착하여 담배를 필 수 있는 공공 공간이 상당히 축소된 것도 주지의 사실이다. 예전에는 다수파가 고려조차 하지 않았던, 그러나 절실한 요구가 재판에서 주장되고 다투어진 결과 새로운 권리로 인정되는 경우가 있다.

그러나 권리 권리 해도 보통 방법으로는 해결되지 않는다. 엄밀히 말하면 도덕적 권리와 법적 권리라는 차이가 있으며, 전자만으로는 법원에서 쓸 수가 없다 그래서 여기서 양자의 차이와, 법적 권리가 성립하기 위한 조건에 대해 설명하고자 한다.

도덕적 권리와 법적 권리

도덕적 권리란 ① 타인에게도 나와 똑같은 도덕적 지위를 인정하라, ② 평등한 배려를 하라, 그리고 ③ 고유의 가치를 가진 존재로 존중하라, 는 요청에 기초하여 주장되는 것이다. 그러나 그것들만으로는 재판관을 납득시키는 법적 권리가 되지 않는다.

법적 권리가 되기 위해서는 이상의 도덕적 권리 요건을 충족한 데서 더 나아가 고유의 성질을 갖추고 있어야 한다.

웨슬리 호펠드(Wesley Hohfeld: 1879-1918)라는 법학자의 견해에 기초하여 구체적으로 설명해보자. 법적 이익으로서 '권리'는 '청구권(claim)' '자유(liberty)' '면제(immunity)' '권능(power)'의 네 가지로 분해된다. 그리고 그것들에는 타자의 구체적인 법적 지위가 대응할 필요가 있다. '청구권'에는 '의무(duty)'가, '자유'에는 '무권리(no-right)'가, '면제'에는 '무능력(disability)'이, 그리고 '권능'에는 '책임(liability)'이 대응해야 한다.

예를 들면 이런 느낌이다.

❶ 나의 '자유'는 당신의 '무권리'……나의 취미는 코스프레 (만화나 애니메이션 캐릭터 코스튬을 입고 완전히 변장하는 것)다. 나에게는 휴일 날 대인기 만화 『귀멸의 칼날』*의 등장인물 카마도 네즈코(竈門禰豆子)의 코스프레를 할 권리가 있고, 당신은 나의 이 행위를 막아서는 안 된다는 의미에서 '무권리'다.

---

* 『鬼滅の刃』. 〈점프코믹스〉에서 2016년부터 연재되기 시작하여 2020년 5월에 완결된 만화로, 단행본은 2020년 6월 현재 전자책 포함하여 총 8000만 부 이상이 판매되었다.

❷ 내가 '면제권'을 가질 때 당신은 나의 법적 지위를 변경하는 것과 관련하여 '무능력'……내가 코스프레를 해도 되는 것은 내가 '표현의 자유'라는 변경될 수 없는(그런 의미에서 '면제권') 헌법상의 권리를 갖고 있기 때문이다. 당신은 나의 법적 지위를 변경할 수 없다. 그런 의미에서 '무능력'이다.

❸ 내가 상품의 '청구권'을 가질 때 가게는 나에게 상품을 인도할 '의무'를 진다……나는 X점과 코스튬을 살 계약을 체결하고 대금을 지불했기 때문에 나에게는 X점에 대해 상품 인도를 요구할 '청구권'이 발생하고, 그에 대응하여 X점은 나에게 상품을 인도할 '의무'를 진다.

❹ 나는 법적 지위를 변경하는 '권능'을 가지며 그에 따라 상대는 '책임'을 진다……X점이 주문한 코스튬을 인도하지 않기(채무불이행) 때문에 나는 매매 계약을 해제하는 '권능'을 행사했다. 그에 따라 X점은 판매자로서 법적 지위를 상실하는 '책임'을 졌다.

이상이 법적 권리의 구체적인 효력이다.

부하는 요구는 이들 세 조건을 충족했다.

권리는 이렇듯 사회적 약자에게도 가능한 한 구체적인 청구와 자유를 보장하기 위한 수단으로서 발전해왔다. 그 결과 오늘날 기본적 인권 외에도 참정권, 묵비권, 저작권, 초상권, 민족자결권, 일조권, 프라이버시권, 혐연권, 알 권리 등등 다종다양한 권리가 확립되었다.

그러나 이만큼 권리가 생기고 보면, 상반하여 충돌하는 경우가 적지 않다. 예컨대 일본의 경우, 본인의 의사에 반하여 전과를 함부로 폭로당하지 않을 권리라는 것이 판례로 확립되었다. 형을 마친 사람이 새로이 세간에서 사회적 제재를 받지 않게 하기 위해서다. 그러나 다른 한편으로 아동성폭력 범죄자의 전과를 가진 사람에 대해서는 자기 자식의 안전을 위해 그 사람의 현재 거주지, 이름, 얼굴 등을 알아두고 싶다는 부모의 권리, 즉 헌법 제25조의 '사회안전방위'를 위한 '알 권리'를 주장하는 사람들도 적지 않게 있다.

미기의 말 — 권리란 인간만의 것

"너에게 살 권리가 있다면 기생생물에게도 그럴 권리가 있다.

본래 '권리'라는 발상 자체가 인간 특유의 것이긴 하지만."

『기생수(寄生獸)』라는 명작 만화에서 기생생물 미기가 인간 사립탐정 구라모리(倉森)를 협박하며 한 말이다. 지구 밖에서 와 인간의 머리에 기생하면서 다른 인간을 포식하는 다수의 기생생물과 인간과의 투쟁을 그린 만화인데, 그 안에서 주인공 신이치(新一)의 오른팔에 기생한 기생생물이 미기다. 그는 높은 지성을 갖고 있고, 자기 보신만을 생각하며, 신이치와 공생하면서 이런 저런 사려 깊은 말을 한다.

인간은 "우리에게는 살 권리가 있다!"고 말하며 기생생물에게 잡아먹히는 것을 거부하는데, 그렇다면 같은 생명인 기생생물에 대해서도 같은 권리를 인정해야 조리가 맞다. 인간에게는 살 권리가 있지만 지구 밖에서 온 생명체에게 그것을 부정한다면, '권리'라는 말은 보편성이 없고, 결국 인류가 살아남기 위해 멋대로 내두르는 변명에 지나지 않는다는 것이다. 지구 밖 생명체, 그뿐 아니라 지구상의 인간 이외의 모든 생물에는 인간과 동등한 권리가 인정된 적이 없다. 바로 "권리라는 발상 자체가 인간 특유의 것"이며, 예컨대 사람을 습격하는 곰이나 상어에게는 전혀 통용되지 않는 것이다.

"다른 생물을 지키는 것은 인간 자신이 허전하기 때문이다."

미기가 잠에 들고 나서 1년 후에 신이치가 중얼거린 말이다.

동물의 권리라는 것은 도덕적으로는 주장할 수 있어도 법적 권리로는 되기 어렵다. 본래 동물은 현재 일본의 법체계에서 '사람과 물(物)'의 구별 중 '물'에 포함된다고 여겨지며(단, 1990년대부터 호주, 독일, 프랑스의 민법에서는 "동물은 단순한 물이 아니다."라고 개정이 이루어졌지만), 어떤 동물이 어떤 내용의 권리를 누구에 대해 갖는가는 분명하지 않다.

아파트 주차장의 천장에 둥지를 튼 제비 일가는 안심하고 거주하며 새끼를 기르는 권리를 누구에 대해 요구할 것인가? 인근의 길고양이는 자신의 생존권을 지키는 의무의 이행을 누구에 대해 요구할 것인가? 녀석들은 아무것도 구체적으로 말해주지 않는다. 그래서 동물의 법적 권리를 성립시키는 것은 현재로서는 무리다. 기껏해야 인간이 "이런 걸 바라겠지?" 하고 상상하여 배려해줄 수 있을 뿐이다.

그렇게 보면 권리라는 것은 인간계에서는 개인이나 소수파가 국가권력이나 다수파의 압력에 눌려 찌부러지지 않기 위해 사용하는 수단이다. 제10장에서 거론하는 로널드 드워킨도 "권리는 마이너리티의 최후의 카드다."라고 말한다. 설사 동물들이 인간처럼 언어를 구사할 수 있다 해도, 다수파와 강자에 대항해 약자를 살아남게 하려는 사고를 가질지는 의심스럽다.

인권은 인류 안에서만 통용한다

사람이 다른 동물이 아닌 인간인 까닭에 생래적으로 가진다고 하는 것이 인권이다. 인류는 자신들에게만 인권이라는 특별한 권리를 주었다. 그리고 다른 동물에게는 자신들의 생존과 쾌적한 생활을 위협당하지 않는 한에서 도덕적 권리를 인정해왔다. 인간은 스스로를 '영장류의 정점'이라고 멋대로 여유작작 생각하고 다른 동물들에게 자비를 하사하고 있는 것이다.

인간이 자신들에게 주고 있는 인권과 동물들에게 인정하고 있는 권리는 근본적으로 다르다. 엄밀히 말해, 현재 상태에서는 동물이라는 종에게 '복지'를 인정하고 있을 뿐이다. 동물의 권리란, 인간의 관점에서 존속이 바람직하다고 보이는 종을 존속시키기 위해 그 종 전체에 대해 주어지는 것이다.

예컨대 고래, 돌고래, 참치, 호랑이, 이리오모테산고양이*, 따오기, 서벌 캣(serval cat) 등등, 종으로서 앞으로도 남길 바라는 생물에 대해 복지 또는 도덕적 권리를 인정하고, 인간은 그것들을 보전하는 도덕적 책무를 진다. (바퀴벌레에게는 복지를 인정하지 않고 닥치는 대로 죽여버리지만.) 단, 어디까지나 '영장류의 정점' 인

---

* 西表山猫. 류큐 제도의 이리오모테 섬에만 서식하는 살쾡이의 일종.

간님의 사정이 최우선이다. 어디까지나 종으로서, 더욱이 인간의 생활에 지장을 초래하지 않는 범위에서 존속하길 바라는 자기중심적인 요구를 하고, 지나치게 번식하거나 주택가에 들어오거나 밭을 망가뜨리거나 하면 이번에는 인간이 솎아내기를 한다. 에조사슴*과 일본사슴이 좋은 예다. 솎아내기 당하는 개체에게는 동물권이 없다.

그에 비해 인권에는 개별성이 있다. 즉, 이는 개인이 국가나 타인, 다수파에 대해 "나를 압박하지 마라, 차별하지 마라, 사람으로 평등하게 대하라."고 주장하는 근거가 된다. 따라서 개인은 인간집단 안에서의 평등 요구, 보편성 요구를 갖는다. 인권은 본래 기독교적 자연법사상(특히 로크)에서 발단한다. 그 사상에 의하면 사람은 태어나면서 생명·자유·재산에 대한 자연권을 갖고 있으며, 그것은 국가라는 것이 성립하기 이전부터 존재하는 권리였다. 그 자연권이야말로 인권의 모태라고 할 수 있다.

따라서 지구상에 인류를 위협하는 더 높은 지능의 생명종이 아직 없는 현재로선, 인권이 인류라는 종을 존속시키기 위해 주장되고 있는 것은 아니다. 인권이란 어디까지나 인류 안쪽에서만 통용하는, 개인이나 마이너리티의 '최후의 카드'인 것이다. 그

---

* 홋카이도에 서식하는 사슴.

래서 그것은 인간사회 안에 사는 한에서, 한 사람 한 사람에게 중요한, 지켜져야 하는 것이다. 홋카이도의 산속에서 자신을 습격해 온 큰곰에 대해 "나에겐 인권으로서의 생존권이 있다."고 큰 소리로 외쳐봐야 소용없다. 설령 그 큰곰이 언어를 이해할 수 있다 해도 "그래서 뭐? 너희 인간들도 나를 공격하잖아."라고 대꾸하며 덥석 물어버릴 것이다.

인권은 자의적으로 인정되어왔다

그러나 역사적 사실에서 보면, 인권은 처음부터 만인에게 인정되었던 게 아니었다. 애초에는 아예 사람으로 간주되지 않는 노예가 존재했고, 처음으로 국왕에게 반항하여 그 권력을 제한하고 자신들의 특권을 인정하게 한 것은 귀족뿐이었다(1215년 마그나 카르타).

그 후 영국에서는 권리청원(1628년), 권리장전(1689년)을 거쳐 시민에게도 인권이 인정되고, 미국의 버지니아권리장전(1776년)에서 인간이 태어날 때부터 갖고 있다는 로크형 자연권이 실정법화되었다. 그리고 미국 독립으로 촉발된 프랑스혁명과 인권선언(1789년)에 이르러 신분제가 해체되고 '모든 사람'이 인권에 있어 자유롭고 평등하다고 주장되었다.

그러나 혁명 때, '모든 사람'은 문자 그대로 만인은 아니었다. 인간으로 번역되고 있는 프랑스어 homme는 영어의 man과 마찬가지로 남성을 나타내는 것으로, 혁명정부는 실은 남성, 더욱이 백인 남성에게밖에 인권을 인정하지 않았던 것이다. 혁명에 환희하며 "이제부터는 여자도 남자와 평등한 인권을 갖는다!"고 생각하여 여성의 권리에 대해 연설한 여성은 혁명정부에 의해 길로틴에 보내졌다. 근대의 입구에서는 인권은 백인 성인남성만의 것이었고, 여성과 식민지 사람들에게는 인정되지 않았다. 후자 사람들에게도 인권이 인정되려면 제2차 세계대전의 종결을 기다리지 않으면 안 되었다.

전쟁 후에는 국제적인 인권의 실정화(實定化)에 의해 인권 소유자의 범위가 확대되고 그 내용도 확장되었다. 세계인권선언(1948년), 국제인권규약(A·B규약)(1966년), 인권차별철폐조약(1969년 발효) 등등으로 개발도상국의 시점에 선 경제적·사회적 권리, 구 식민지 등의 시점에 선 민족자결권 등의 집단적 권리까지도 인정되기에 이르렀다.

그렇지만 조약이나 선언이 있어도 현실의 차별이나 권리의 불균형이 완전히 해소된 것은 아니다. 또한 원래 기독교에서 발단한 자연권·인권의 관념이기 때문에 현대에도 전 세계 사람들 모두가 수용하는 게 아니라는 한계가 있다.

인간이 인간에 대해 인권을 인정하는 경우도, 동물에 대해 복지 또는 도덕적 권리를 인정하는 경우도, 보편적인 것은 아니다. 인간 내에서도 역사의 과정에서 그때그때마다 지배층이 자신들에게 유리하도록 권리를 인정하기 때문이다. 현재는 지구상에서 인류가 지배하는 세계가 그럭저럭 안정돼 있고 여유가 있기 때문에 일단 만인에게 인권이, 그리고 여러 가지 의미에서 인류가 존속하길 바라는 동물종에게 도덕적 권리가 인정되고 있다. 그러나 만일 그러한 여유가 없어진다면……?

표류하는 구명보트 안에서

여객선이 난파했다. 인권파로서 유명한 변호사와 철학자 등 두 명의 승객, 그리고 선장과 캐빈 보이(cabin boy)가 구명보트에 올라탔다. 네 명이서 보트를 타고 표류했는데, 구조선을 만나지 못하는 가운데 식료와 음료수가 바닥나버렸다. 모두 기아와 갈증이 점점 심해졌다.

그러던 중 가장 어린 캐빈 보이가 목마름을 참지 못하고 바닷물을 마셔버렸다. 절대로 해서는 안 되는 짓을 하고 만 그는 몸이 더욱 쇠약해져 네 사람 중 죽음에 가장 가까이 다가갔다고 해도 좋은 상태가 되었다. 궁지에 몰린 선장은 이렇게 제안했다. "캐빈 보이는 어차피 조만간 죽을 테니 빨리 편안히 해주고 그 고기를 셋이서 나눠 먹지 않겠는가?"

변호사와 철학자는 안색이 바뀌며, "그런 짓은 인간으로서 할 수 없다!"고 격하게 거절했다. 그러나 표류는 계속되고 네 사람의 기아와 갈증은 한층 심해질 뿐이었다. 캐빈 보이의 용태는 서서히 악화해갔다. 그 모습을 보며 변호사는 "이 소년은 바닷물을 마시는 어리석은 짓을 해서 이런 꼴이 되었다. 자살행위가 아닌가. 이렇게 사려와 판단력이 없어서는 인권을 감당하기에 어울리지 않는다."고 혼잣말처럼 말했다.

한편 철학자는 다른 두 사람을 향해 "나에겐 아내와 두 아이와 대학에서 가르치는 다수의 학생이 있는데, 당신들은?" 하고 물었다. 선장은 아내와 세 아이와 늙은 어머니가, 그리고 변호사는 아내와 두 아이와 애인과 '인권파'인 그를 의지하는 많은 고객이 있다고 대답했다. "이 캐빈 보이는?" 하고 철학자가 선장에게 묻자, "이 아이는 분명 천애고아로 지금 결혼도 하지 않았을 것이다."라고 대답했다. 그러자 철학자는 잠시 생각하고 나서 주저 없이 이렇게 말했다. "이 중에서 죽어도 슬퍼할 사람이 없고, 부양할 상대도 없고, 사회적으로 손실이 가장 적은 사람은 이 아이로군."

그러자 변호사도 이어서 이렇게 말했다. "물론 이 아이에게도 우리와 같은 인권이 있고 살 권리가 있다. 그러나 유감스럽게도 자신의 어리석음으로 인해 필요 이상으로 고통스런 죽음에 처해 있다. 우리에겐 바닷물을 마시는 어리석은 짓을 제지할 여지가 없었다." 그리고 변호사는 숨이 끊일락 말락 하는 캐빈 보이에게 물었다. "자네는 이제 여생이 얼마 남지 않은 것 같다. 먹을 것도 물도 없다. 괴로운 상태로 살아 있고 싶은가?" 캐빈 보이는 꺼져가는 목소리로 대답했다. "괴롭다. 빨리 편안해지고 싶다."

"들었지? 그는 빨리 편안해지고 싶다고 언명했다. 그는 한시라도 빨리 편안해지고 싶은 것이다. 그의 행복추구권을 존중하여 죽여줘야 하지 않을까?" 변호사가 말하자 철학자도 고개를 끄덕이고는 물었다. "미안하지만 우리가 죽는 것보다는 그가 죽는 쪽이 사회에 있어 최소 불행으로 끝날 것이다. 그리고 그의 희생을 쓸모없이 하지 않기 위해서도 우리는 가능한 한 살아남아야 한다. 그렇지 않은가, 변호사님?" 그러자 변호사는 답했다. "그러고 보니 이렇게 한없이 드넓은 바다에는 국가도 재판소도 없다. 이런 상황에서는 인권은 국가 이전의 자연권이 되어 우리 한 사람 한 사람의 자기보존 권리가 된다. 우리는 지금은 살아남기 위해 뭐를 해도 좋은 것이다."

철학자와 변호사는 서로 확인하듯이 시선을 마주치고, 이어서 선장에게 눈을 돌렸다. 선장은 말했다. "그러면 인권적으로나 철학적으로나 이 아이의 죽음을 빨리하여 모두가 드는 게 좋겠지요? 선생 분들의 보증을 받은 것이니, 구조되어 재판이 되면 부디 잘 부탁합니다." "음, 긴급피난이다." 철학자와 변호사가 동시에 고개를 끄덕이는 걸 확인하고 나서 선장은 빈사의 캐빈 보이의 목을 졸랐다. 그 후 세 사람 모두 눈 색깔이 바뀌며 앞다투어 유체의 고기를 잘라내 게걸스럽게 먹었다.

국가 없는 곳에서는 인권보다 자기보존

이 이야기는 실제로 있었던 이야기에 내가 창작을 덧붙인 것이다. 실화는 1884년에 일어난 영국 선적 미뇨네트(Mignonette)호 사건이다. 난파한 배의 승조원 네 명이 구명보트로 표류하던 중에 살아남기 위해 가장 쇠약해 있던 독신의 캐빈 보이를 죽이고 그 고기를 셋이서 먹었던 사건이다. 나는 그 네 사람 중 두 명을 인권파 변호사와 공리주의 철학자로 변경하여, 극한상황 속에서 그들이 캐빈 보이를 죽여 먹은 것을 어떻게 정당화하는지 생각해 보고 싶었다.

그 결과, 희생될 생명의 선택을 위해 공리주의의 역(逆) 버전인 '최대 다수의 최소 불행'이라는 판단기준이 사용되고, 인권도 '국가 없는 상황'에서는 각인의 자기보존에 대한 권리가 자연권으로 전환한다는 이야기가 되었다.

여기서 중요한 것은, 인권은 국가나 재판소가 있는 상황이 아니라면 기능하지 않는다는 것이다.

일반적으로 법적 권리에는, 앞서 호펠드의 논의를 빌려 서술했듯이, 의무 등 대응하는 것이 필요하다. 만일 이 구명보트의 일원이 호펠드였다면 그는 어떻게 생각했을까? "인권도 법적 권리라고 하면, 보트 안의 타인에게는 그것을 지켜야 할 의무가 있게 된다. 예를 들어 캐빈 보이의 생존권을 지키는 의무를 내가 진다. 그리고 나의 생존권을 지키는 의무를 선장이 진다. 선장의 생존권을 지키는 의무를 철학자가 지고, 철학자의 생존권을 지키는 의무를 캐빈 보이가 진다. ……아, 즉, 모두가 생존권을 갖고 동시에 타인의 생존권을 지켜야 하는 의무를 지기 때문에 누구도 누군가를 희생시킬 수 없다. 결국 전멸하는 걸 기다릴 수밖에 없다."로 될 것이다. 이것은 이것대로 법적 권리론으로서 일관돼 있고, 인간은 이러한 선택지를 선택할 수도 있을 것이다. 그러나 철학적으로는 그것만이 답일까?

구명보트의 예화에서 언급한 것처럼, 국가가 생기기 이전부터 인간이 갖는 자연권으로서 자기보존의 권리가 있다는 설이 있다. 토머스 홉스(Thomas Hobbes: 1588-1679)가 논했던 것으로, 이에 따르면 인간은 최종적으로 자신이 살아남기 위해 온갖 수단을 다할 자연권이 있다. 그래서 비록 국가에서 사형 판결을 받은 자라도 살아남기 위해 도주하는 것이 이론적으로 가능하다고 한다. 인권이라든가 법적 권리의 성립 운운하는 것은 어디까지나 국가가 존재하는 평상시에 당사자들이 무사히 살고 있는 상황이기 때문에 논의되는 것이지, 막상 자신의 생명이 위기에 처해진 경우에는 그런 것을 말해서는 안 된다. '카르네아데스(Carneades)의 판자'라는 우화를 알고 계시는지? 배의 난파로 바다에 내던져진 남자의 눈앞에 한 개의 널판지가 떠올라 있었다. 남자는 그것에 매달려 있었는데 또 한 사람이 붙잡으려고 했다. 그자도 붙잡으면 둘 다 죽고 말기에 남자는 자신이 살아남기 위해 나중에 온 자를 밀쳐내 물에 빠져 죽게 했다. 그 후 재판에서 남자는 무죄를 선고받았다는 이야기다. 어떻게 해서든 타인을 배제하고 자신만이 판자에 매달려 살아남을 수밖에 없었다는 이야기다.

전멸보다는 혼자라도 살아남은 쪽이 좋다는 점에서는 공리주의적이기도 하지만, 그 이전에 사느냐 죽느냐의 극한의 경우에는 누구나 자신이 살아남는 것을 첫째로 생각할 수밖에 없고, 그래서 어쩔 수 없다는 것이다. 이렇게 누군가의 희생 위에서 살아남은 사람들은 뒷날 법정에서 자신이 행한 일에 대한 옳고 그

름과 책임, 비난 가능성의 정도를 판정받게 된다. 그때 마침내 등장하는 것이 규범으로서의 인권이다.

이렇게 보면, 인권을 지키는 의무를 가지는 것은 주로 정부이며, 또한 인권은 극한상황에서 사인(私人) 간에 일어난 사건에 대해 사후 재판에서 이용되는 규범 개념이라고 할 수 있다. 일반인들도 기관들도 기업도 가능한 한 모두 인권을 지켜야 한다는 규범적 요구가 가능한 것은 인류가 군림하여 국가를 만들고, 국제사회가 그럭저럭 기능하고 있는 상황에 한해서다.

인권이 솟아지는 날

지금은 인류가 지구를 지배하고 있기 때문에 자신들 안에서 인권을 더 보편화시키려면 어떻게 해야 좋을지 등의 논의에 전념할 수 있다. 그러나 만일 이런 일이 벌어진다면?

인류라는 짐승이 아름다운 지구의 환경을 날이 갈수록 악화시키고 생태계도 파괴하고 있다. 이에 분노한, 지구인보다 일억 배 지능이 높은 외계인이 더 이상 지구 파괴를 하지 못하게 하려고 지구에 왔다. 수가 너무 늘어나 지구와 그 자연에 대해 행패를 부리는 인류를 솟아내러 온 것이다.

외계인은 인류의 대표자와 회견하고 그 뜻을 알렸다. 인류 대표는 낭패하면서, "왜 우리가 당신들에게 불합리한 죽임을 당해야 합니까? 지구의 문제는 우리들의 이성과 지성으로 해결할 테니 나가주십시오."라고 답했다. 그러나 외계인 대표는 "너희들의 낮은 지능으로는 무리다. 앞뒤 생각 없이 마구 번식하여 자연환경을 파괴하고 에너지도 고갈시켰다. 이대로 놔두면 끝내 너희들끼리 서로 잡아먹는 일이 벌어질 게 뻔하다."며 거절했다.

인류: "무슨 말씀입니까! 우리는 한 사람 한 사람 둘도 없는 소중한 개인이며 인권을 가지고 있습니다! 그런 우리를 당신은 마치 야생사슴 따위처럼……."

외계인: "인권? 뭐냐, 그건? 어리석은 너희들 사이에서만 통용하는 호혜정신이냐? 그런 건 우리가 알 바 아니다. 너희들은 사슴을 솎아낼 때 한 마리 한 마리의 사슴권(權) 같은 걸 생각한 적이 있었느냐?"

인류: "우리는 사슴이 아닙니다! 영장류 최고의 지성을 갖고 문명을 쌓아올려왔습니다."

외계인: "그렇다면 그 지성인지 뭔지를 발휘하여 쓸모없는 식충이 인간들을 세계 안에서 골라 정리하고, 최소한의 에너지로 살아남을 수 있는 개체만을 선발하여 계획적으로 번

식시키든가 말든가, 너희들 스스로 후딱후딱 해봐라."

인류: "어찌 그런 일을! 그것은 가혹한 인권침해입니다!"

외계인: "우리보다 지능이 낮은 종의 내부 사정 같은 건 모른다. 우리에게 인류 따위는 너희들이 아무 주저 없이 살육하는 개미 같은 것이다. 더 이상 말하지 마라. 잘 알았다. 스스로가 할 수 없다면 우리가 너희들을 솎아낼 것이다."

이리하여 지능 높은 외계인들은 즉시 인류라는 동물종을 불문곡직하고 솎아내기 시작했던 것이었다. 맨 먼저 솎아내기 당한 것은 세계 안의 법학자였더란다.

제8장

나의 목숨, 팔 수 있습니까?

— 어디까지가 '나의 소유물'인가

Q: 자신의 의사로 장기를 파는 것은 왜 안 되는가?

Q: 자유를 방기하는 자유도 인정해야 하는가?

자신의 임종, 볼 수 있습니까?

고독사가 걱정된다. 나는 혼자 사는 데다 술을 좋아한다. 파트너도 없고, 동거인은 무수한 피규어* 뿐이다. 그런 이유로 고독사의 공포를 절실히 느낀다. 죽는 순간, 또 하나의 내가 퓸 나와서 피규어들과 함께 내 유체를 후다닥 처리해주면 좋으련만.

철학에서는 플라톤(Platōn: BC 427-BC 347)의 '혼의 불사'라는 설이 있었다. 육체가 멸해도 혼은 순수한 것이 되어 계속 산다는 것이다. 이 생각은 훗날 플로티노스(Plotinos: 205-270)에 의해 기독교 철학에 수용되었는데, 17세기의 르네 데카르트(René Descartes: 1596-1650) 이래로 유럽에서는 인간의 생을 육체(물체·

---

* figure. 유명인이나 영화·만화의 등장인물을 본떠 플라스틱, 금속, 밀랍 따위를 이용해 실제 크기 또는 축소한 크기로 제작한 것.

기계)와, 그것에 영향을 미치는 정신(기계적 물질세계의 밖에 있는 그 무엇)이라는, 완전히 이질적인 두 실체로 준별하는 사고가 뿌리 깊게 이어졌다.

딱히 철학을 잘 알지 못하더라도, "내 몸은 나의 것"이라는 직관을 가진 사람들은 존 로크의 자기소유론을 납득할 게 틀림없다. 로크는 1650년 『통치론Two Treatises of Government』에서, 사람은 태어나면서부터 자신의 신체를 소유하고 있다는 자기소유론을 전개했다. 이 논의의 역사적 의의는, 누구나 자기 신체의 유일한 소유자이며 따라서 타인에 의해 자신의 신체가 소유 즉 지배당해서는 안 된다는 논리로 노예제를 부정했던 점에 있다. 누구나 자신의 신체를 비롯하여 그것에 부수하는 고유성·자질·능력 등의 유일한 소유자·지배자이므로, 그것들을 여하히 다루는가에 관해서는 자기 혼자서 결정할 일이지 결코 타인의 개입을 받을 일이 아니다.

이 같은 로크의 자기소유론을 지지하는 사람들은 아마도 무의식중에 '자신의 신체'를 지배하는 '정신적인 자기' 같은 것이 있음을 상정하고 있을 것이다. 그러나 만일 그렇다면 죽음과 더불어 그 '정신적인 자기'와 같은 것이 육체로부터 이탈하여 자신의 유체가 어떤 상태인지, 그것이 어떻게 처리되는지를 볼 수 있을지도 모른다.

실제로 구급구명의료의 발달로 죽음의 늪에서 의식을 되찾고 그사이의 임사체험을 말하는 사람들이 늘고 있다. 전장에서 무장차량의 폭파로 죽을 지경에 이르렀던 사람이 의식체가 되어, 피투성이로 죽어가는 자신의 몸을 목격했다는 이야기도 있다. 혹시 그렇다면, 나도 임종 후 잠시 동안 의식체가 되어 내 모습을 관찰할 수도 있겠다. "죽은 얼굴이 인스타발* 쩌네." "저런, 실눈을 뜨고 있잖아." 하며 내 유체를 상공에서 셀카 찍을는지도 모르겠다.

"내가 나의 신체를 소유한다."는 사고는 자명한 것 같지만, 다음처럼 생각하면 좀 무섭다. 나의 육체가 불태워져 골분이 되거나 썩어 문드러져 특수청소부가 처리하는 모습을 보게 된다면……

'신체를 소유한다'는 건 어떤 것인가?

이상과 같은 로크의 주장에 동의하여 자기의 신체를 소유한다고 할 경우, 그 주체는 무엇인가 하는 것이 마음에 걸린다. 앞에

---

* 인스타그램에 올릴 사진발.

서 썼듯이 비물질적인 의식체 같은 것을 상정했다 해도, 그 존재를 객관적으로 나타내는 건 누구도 불가능하다는 큰 난점이 있다. 그래서 신체소유론에 회의적인 사람들은 신체에 대한 자기 지배라는 것은 단순한 심리적 이미지, 또 그 이상으로 정당화할 수 없는 기본적인 도덕적 직관에 불과하다고 비판한다. 이 입장은 나아가, 자기 신체의 '소유' 주체가 신체적 자기인지 비신체적 자기인지 알 수 없으며, 따라서 신체 '소유'라는 말을 쓰지 말아야 한다고 제언한다.

하지만 이에 대해 신체소유론자는 "소유 주체를 알 수 없다고 해도 사람은 '인신(=자기 자신의 신체)'을 무조건 긍정하며 자기 신체에 대해 배타적인 권능을 갖고 있다고 직관하지 않는가."라고 쓰면서, 굳이 그 권리 주체가 무엇인가를 묻는다면 "구체적인 신체와 마음으로 이루어진 개체로서의 인간"이라고 답한다. 사람의 정신활동은 그 사람의 신체 이용 전체 속에서 실현되기 때문이라는 것이다.

또, 그런 비판에도 불구하고 '소유한다'는 말을 써야 하는 이유가 있다고 한다. 만일 사람이 자신의 신체를 '소유'하고 있지 않다고 하면, 사람으로부터 떼어낸 신체의 일부는 무주물로서 맨 먼저 점유한 사람의 소유가 되어버리지 않느냐는 것이다. 예를 들어 A가 신체의 자유를 빼앗기거나 또는 의식불명의 상태가 되어 B에 의해 억지로 신체의 일부를 절제당하거나 장기를 적출당할 경우, 그것들에 대한 A의 '소유'를 인정하지 않으면 그것들은 B의 무주물선점(누구의 것도 아닌 물체는 맨 먼저 획득한 자의 것)물, 즉 소유물로 간주되고 만다. 이는 A의 존엄을 박탈하는 것이다. 그렇다면, 언제 자신이 자유를 빼앗겨 몸의 이곳저곳이 잘려 팔려나갈지도 모른다는 생각에 무서워서 밖을 돌아다닐 수 없을 것이다.

"나의 신체는 나 자체", 바꿔 말해 "나의 신체는 둘도 없는 것"을 표현하는 데에 '소유한다'는 개념이 너무 한정적이라는 비판도 있다. 그러나 나는 "자기에 의한 자기 신체의 완전 지배"이쿼(=) "타인으로부터의 개입의 배제"라는 법학적 의미를 강조하는 점에서, '소유'라는 개념에 의거하고 싶다.

자기소유론에 기초하면 자기 신체는 자기 소유물이니 자신의 의사로 자유로이 처분해도 된다고 할 수 있을 것 같다. 하지만 퓨리턴이기도 한 로크는, 자기의 신체는 엄밀히 말해 "신으로부터 부여받은 것"이며, 따라서 소중하게 유지해야 하고, 자살 등의 형태로 손괴해서는 안 된다는 제약을 가하고 있다.

그런데 이 신으로부터 부여받았다는 전제를 떼어내고 생각해보면 어떻게 될까? 물(物)의 소유권과 마찬가지로 자신의 자유의사로 자신의 신체를 자유로이 처분하는 것이 허용되지 않을까? 가령 병든 타인을 구하기 위해 자신의 장기를 적정한 가격에 팔겠다고 결정했는데, 왜 그것이 안 된다는 것일까?

자유의사로 자신의 장기를 파는 것이 왜 금지되는가?

일본뿐 아니라 많은 나라에서 장기 매매는 법률로 금지하고 있다. 그 이유는 매춘을 방지하려는 것과 대략 같을 것이다. 곤경에 처한 사람이 장기 매매를 강요당하게 된다, 장기 매매는 인격을 수단으로 취급하는 것이다, 등등의 이유다. 하지만 강제로가 아니라 자발적으로 장기를 팔려는 사람들에게 이들 이유는 해당하지 않는다.

그리고 장기 매매를 금하는 결정적인 이유로, 장기는 파는 물건이 아니며 그런 장기의 상품화는 사회에 악영향을 미친다는 견해가 있다.

하지만 나로선 이 견해를 전혀 이해할 수 없다. 의문은 다음의 두 가지 점이다. 첫째, 물체인 장기의 제공에 왜 금전적인 대가를 붙여서는 안 되는가, 하는 의문. 장기 제공 시 무상으로 증여하는 경우 인도적인 사회봉사라며 칭송 받는데, 유상으로 제공하면 봉사가 아닌 돈벌이라며 비난이 따르는 건 왜인가? 유상 제공일지라도 장기를 일체 제공하지 않는 사람보다는 레시피언트*를 위해 봉사하는 것인데 말이다.

둘째, 장기의 상품화가 사회에 어떤 식으로, 어떤 영향을 미친다는 것일까, 하는 의문. 일본인은 유행을 타는 경향이 강하다는데, 만일 어떤 저명인이나 슈퍼아이돌이 장기를 팔면 모두 나도 나도 하고 따라할까? (그렇다면 장기 부족이 해소되어 도리어 좋지 않을까?) 또 인간의 상품화로 이어져 인격의 경시를 초래한다고 하는데, 사람의 선의를 무상으로 이용하는 것보다는 낫지 않을까?

자기 신체의 일부를 파는 것 자체는 금지되어 있지 않다. 예를 들어 머리카락을 잘라 파는 걸 비난하는 사람은 없다. 그러나 이는 머리카락이 가만 놔둬도 다시 자라고 또 그것을 자른다고 해서 본인의 건강이나 생명에 위협이 가해질 까닭이 없기 때문일 것이다. 또, 파는 대상이 피라면 어떨까? 피 역시 재생하므로, 건강이나 생명에 지장이 없는 범위에서 제공한다면 팔아도 무방할 것 같다.

실제로 예전에는 일본에 매혈제도가 있었다. 일본적십자사가 1952년부터 각지에 혈액은행을 설립하여 헌혈자에게 금전을 지

---

* recipient: 장기 이식을 받는 사람.

불했다. 당시 매혈자 중에는 건강하지 못한 사람이 많아서 적혈구 부족의 '누런 피'나 간염 바이러스에 감염된 피가 팔리기도 했다. 그러던 중 주일미국대사가 치료 때 수혈로 인해 간염에 걸리는 사건이 벌어지고, 이를 계기로 매혈제도가 폐지되었다. 하지만 그 같은 사례는 매혈제도의 운영이 허술했기 때문에 일어난 것으로, 피 파는 것 자체를 금할 이유는 되지 않는다. 불건강한 피를 사고 싶지 않다면 혈액 제공자의 신원 특정이나 엄밀한 혈액 검사를 거친 다음 채혈 기준을 채운 사람의 혈액만을 사들이면 된다.

건강한 혈액의 소유자가 자신의 의사로 피를 일정량 팔려는 것이 왜 안 되는 걸까? 오늘날 일본에서는 헌혈자가 격감하고 있다. "헌혈에 협력해주시길 바랍니다."라는 호소를 자주 듣고 있지만, '(무상의) 협력'이 아니라 "당신의 건강한 피를 삽니다."라고 말하는 것이 수혈용 혈액의 양을 증가시킬 게 틀림없을 것 같다. (참고로, 매혈을 금하고 있는 일본은 수혈용 혈액 부족을 메꾸기 위해 아이러니하게도 매혈제도가 존재하는 여러 외국에서 혈액을 대량 수입하고 있다.)

봉사의 마음에는 대가를

원칙적으로, 타인을 위해 서비스를 제공한 사람은 그에 걸맞은 대가를 얻어야 한다고 생각한다. 오늘날 어떤 일을 하는 사람에게든 이는 당연한 것이다. 자신의 시간, 능력, 체력을 제공하게 해놓고 무보수라면 그것은 노예노동과 다를 바 없다. 무상의 서비스는 기껏해야 햄버거 가게의 '스마일' 정도로 그쳐야 한다. (아니, '스마일'에도 대가가 붙어야 한다는 주장을 나는 인정한다.) 따라서 자신의 의사로 자신의 혈액이나 장기를 제공한다는, 그야말로 몸을 깎아내는 궁극의 서비스를 하는 사람에 대해 "무상으로"라는 말은 절대 해서는 안 될 말이다. '무상의 봉사심'이라는 표현이야말로 노예노동과 서비스 잔업, 블랙기업*의 실태를 덮어가려왔던 말이다. 장기 매매를 금하고 있는 나라들 역시 '봉사의 마음'이라는 정에 호소하며, 마치 뇌사체를 여러 장기를 담아놓은 용기처럼 취급하고 있는 건 아닌지?

  자신의 장기를 제공하는 사람들에 대해서는 그 서비스에 걸맞은 대가를 주어야 한다는 것이 나의 생각이다. 그렇지만 생전

---

* 고용 불안 상태에서 일하고 있는 청년 노동자들에게 저임금과 장시간 노동 등 불합리한 노동을 강요하는 기업.

에 장기 제공의 의사를 보인 사람이 뇌사상태가 되어 장기를 적출당한 후 그 대가를 지불해봐야 소용이 없다. 대가를 유족에게 주거나 혹은 상속시키는 것도 제공자 본인에 대한 직접 지불이 아니므로 적절하지 않다. 장기 제공의 의사를 보인 사람에 대해 생전에 대가를 지불해야 한다. 생존한 상태에서 신장 등 장기를 제공한 사람에게는 즉시 대가를 지불한다. 뇌사 후가 아니면 제공할 수 없는 장기에 대해서는 제공 의사표시자 본인이 살아 있는 동안 대가를 지불한다. 단, 그것은 장기 매매계약에 기초한 선불이므로 대가를 받은 자는 살아 있는 동안 그에 대응하는 의무를 진다. 즉, 자신의 장기를 건강하게 유지할 의무다.

큰돈을 받았으니 뒷일이야 어떻게 되든 상관없고 돈을 흥청망청 쓰며 엉망의 생활을 하다가 내장을 망가트리면 채무불이행이 될 것이므로, 대가를 받은 의사표시자는 이후 자기 장기의 상품가치를 떨어트리지 않도록 건강한 생활을 영위해야 한다. (그런 고로 나에겐 무리다.) 그래서 정기적인 건강 검진을 통해 제공 예정 장기의 상태가 악화하면 치료 받을 의무를 지고, 불가역적으로 악화했을 경우 위약금을 지불해야 한다. 그러다가 제공 의사표시자가 뇌사에 이르면 그 유체로부터 즉시 장기를 적출하여 필요한 레시피언트에게 제공하는 것이다.

장기 제공 의사를 보인 자와 예약을 맺고 대가를 지불하는 주체는 우선 당장은 의료기관이다. 그 자금은 레시피언트로부터 갹출한 돈, 뜻있는 사람이 기부한 돈 등으로 충당한다. 정부가 해도 상관없지만, 그럴 경우 "나에게 장기 이식은 필요 없다." "장기 이식 자체를 반대한다."고 생각하는 국민으로부터 자신이 낸 세금을 쓰지 말라는 불만이 터져 나올지도 모른다. 중개업자의 퀄리티를 어떻게 유지할 것인가, 제공 의사표시자가 건강한 동안 사망할 염려는 없는가, 대가 금액은 어떻게 정할 것인가 등 세밀한 비판과 논의가 물론 있어야겠지만, 여기서는 그런 사항들까지 검토하지 않는다. 어디까지나 원론적인 제안이다.

'목숨을 파는' 것도 나의 자유인가?

자신의 의사로 장기를 팔 수 있다면, 그다음에 이르게 되는 지점은 목숨이다. 자기소유론에서 보자면 나의 목숨도 소유 대상인데, 과연 자신의 의사로 팔 수 있을까? 『목숨을 팝니다(命売ります)』라는 미시마 유키오(三島由紀夫)의 소설이 있다. 근년에 드라마화되었으니* 아시는 분도 적지 않을 것이다. 주인공 청년이

---

* 2018년 1월부터 방영됨.

자살에 실패한 이후 허무함의 자유를 느끼고, 신문 구직란에 "목숨을 팝니다. 좋은 목적에 사용해주세요. 비밀은 일체 지키며 결코 폐는 끼치지 않습니다."라는 광고를 낸다. 그러자 다양한 고객들이 찾아와 거금을 내밀며 그에게 가지각색 '목숨 사는 방법'을 제시한다. 자살하고 싶어지는 약의 실험을 부탁한다든가, 남편을 먼저 보낸 흡혈귀 모친의 연인이 되어 그녀에게 피를 빨려 위무해달라는 등 잇달아 여러 요청이 들어온다. 이것이든 저것이든 고객의 목적을 달성하려면 죽어야 하는 요구들이다. 그런데 주인공은 인수한 일마다 왠지 운이 좋아 죽지 않고 목적을 완수해낸다. 그래서 목숨을 판 돈이 점점 쌓여간다.

이 소설에서는, 고객의 목적(복수, 금전욕, 효행 등)을 실현하기 위해선 죽음이 필요한데 그 일들을 주인공이 대가를 받고 인수한다는 설정으로 되어 있다. 여기서의 '목숨을 팝니다'란 죽음을 수반할 수밖에 없는 미션을 청부하겠습니다, 라는 의미다.

자신이 소유하는 목숨을 판다는 것, 그에 대해서는 이 소설과 다른 또 하나의 가능성도 생각할 수 있다. 자신의 목숨을 타인의 지배하에 두고 살든 굽든 마음대로 하라는 것의 승낙, 즉 노예 계약이다. 자신의 자유의사에 따라 자신이 살기 위한 모든 자유를 타인에게 팔아넘기는 것은 가능할까?

이 장을 꼼꼼히 읽은 독자라면, 로크의 자유소유론은 노예제의 부정을 의미하고 있으니 자발적인 노예 계약과는 모순된다고 말씀하실 것이다. 확실히 앞에서 적은 대로, 로크의 자기소유론은 노예제 부정의 의미를 갖고 있으므로 자기의 노예화를 인정할 리 없다. 그러나 로크는 당시, 자기를 소유하는 사람이 자기를 타인에게 팔아넘기는 결정을 할지 모른다는 가능성까지는 생각하지 못했던 게 아닐까? 혹은 생각했다 해도 그것은 제정신을 가진 행동이 아니라고 하여 불문에 부쳤던 건 아닐까? 그러나 자유는 예종을 선택하는 경우도 있을 수 있다. 민주주의의 절차에 따라 다수자가 독재제를 선택할 가능성이 있는 것처럼.

예전의 나는 언제까지 '나'인가?

자유지상주의의 관점에 서면, 형식적으로는 사람에게 자신의 자유를 방기할 자유도 있음을 인정할 수밖에 없다. 그러나 여기서 '자유인 것'이란 어떤 것인지를 좀 더 엄밀히 생각해보고 싶다. 그것은 첫째, 내가 나에 관한 결정에 대해 타자의 개입이나 강제를 받지 않는 것이다. 이 생각을 확장하면 나와 아무 관계도 없는 국회의원들이 멋대로 제정하는 법률에 내가 속박될 까닭이 없는 셈이 된다. 참고로, 그것이 아나키즘이라는 사상의 원점이다.

하지만 그것만이 아니다. 일반적으로 살아 있는 몸뚱이인 개인은 평생 불변인 채로 존재할 수는 없다. 당신은 유소년기에 자신이 결정한 사항에 대해 청년기, 중년기, 노년기가 되어도 속박당하고 싶은가?

어릴 때 "나는 어른이 되면 꼭 가오레인저 레드[*]가 될 거야!"라고 굳게 결심했다고 해서 22세가 된 지금 반드시 전대(戰隊)에 취직해야 할까? 젊을 때 열렬한 사랑에 빠져 "나는 당신의 것. 일평생 당신의 종이 되겠습니다."라고 당시엔 진지하게 고백했던 (혹은 그런 편지를 보냈던) 상대로부터, 30년 후 그 기억을 죄다 기억해내고 "당신, 그때 나의 종이 되겠다고 했죠. 여기 증거 편지도 있어요. 자, 그러니 나의 노예가 되어주세요."라는 말을 들었다면 어떨까? "아니 아니, 어려서 그런 거죠." "흑역사입니다."라고 말하며 젊은 날의 자신에 관한 결정을 철회할 수밖에 없을 테고, 만일 그게 불가능하다면 현재의 자신의 자유에 대한 터무니없는 속박이 되고 말 것이다.

그뿐 아니라 어제의 나와 하룻밤 자고 일어난 오늘 아침의 내

---

[*]   2001~2001년에 TV아사히 계열에서 방영한 〈백수전대 가오레인저(百獣戰隊ガオレンジャー)〉의 변신 히어로들 중 하나. 몸에 두른 슈트에 따라 레드 외에 옐로, 블루, 블랙, 화이트, 실버가 있다.

가 동일 인격이라고 단언할 수 있을지도 의문이다. 수시로 기억을 잃어버리는 인간은 간혹 중요한 아이디어가 생각났을 때 장래의 나에게 그것을 알리기 위한 편지를 써두어야 한다. 오늘의 내가 타인에게 편지나 메일을 보내듯이 내일의 나에게 그것들을 보내야 하는 경우도 있다. 나와 타인과의 사이에 깊은 단절의 늪이 있다면, 지금의 나와 장래의 나 사이에도 같은 정도의 깊은 늪이 있다. 나에게 타자란, 타인은 물론이고 과거의 그리고 장래의 나도 포함된다. 즉 자유란 둘째, 자신이 언제 어느 때든 자유로운 것, 다시 말해 현재의 내가 과거의 자신에게 속박되지 않는 것, 현재의 자신이 장래·미래의 자신의 자유를 봉쇄하지 않는 것이기도 하다.

현재의 자신은 장래의 자신에게는 타자다. 그렇게 생각하면, 현재의 자신이 누군가에게 평생 동안의 자신의 자유를 모두 팔아넘기는 계약을 하는 것은 장래의 자신의 자유를 봉쇄해버리는 것이기 때문에 인정할 수 없게 된다. 인격의 동일성에 대해, 플라톤이나 데카르트처럼 불변의 혼과 같은 실체의 동일성이라고 생각하는 게 아니라, 단순한 심적인 것, 예컨대 기억이나 의식의 연속성이라고 생각하는 것도 가능하다(데렉 파핏). 그리되면 나의 인생 시간축 상에서 지금의 나는 심적인 연속성이 (망각이나 기억상실 등으로 인해) 옅어진, 혹은 단절된 과거의 나와는

고가 아니니 그런 말을 들어도 상관없다. 자유에 대해, 인격에 대해 원리적으로는 그 같은 사고방식도 가능하다는 것은 알아 뒤도 좋을 듯하다.

장기 매매에서부터 '자유'를 둘러싼 물음까지 이야기 범위가 커지다 보니 머리가 펑펑 도는 느낌을 받았을 수도 있겠다. 조금 은 금기시돼 있는 테마에서야말로 '위험한 법철학'의 사고는 본 령을 발휘한다.

제9장

국가가 없어도 사회는 돈다

— 아나코 캐피털리즘이라는 사상

Q: 국가가 있음으로 하여 우리에게 '득'이 있는가?

Q: 경찰이 없어도 사회 질서가 유지될 수 있을까?

국가가 싫어지는 이유

어디 사는 누구인지 모르는 많은 사람들로부터 우려낸 돈을 제 멋대로 쓰는 건 필시 신나는 일일 게다. 그 돈으로 마음에 드는 유명인, 때로는 폭력조직을 꽃놀이에 초대하거나, 국제 스포츠대 회를 위해 1600억 엔 가까이 들여 경기장을 짓는 등 진수성찬을 차린다. 그래서 국회의원을 한 번 했다 하면 그만둘 수 없다. 회의장에 앉아 꾸벅꾸벅 졸든 스마트폰을 보든, 법률 위반으로 추궁당해 모습을 감추든, 월 129만 엔의 세비(歲費)는 꼬박꼬박 나오고 반납 의무도 없다. 그 세비도 국민의 세금에서 나오는 거 잖아! "세금 도둑이야!"라고 소리치고 싶다.

우리는 당연한 일처럼 국가에 세금이라는 상납금을 지불하고 있지만, 정확히 그에 걸맞은 혜택을 받고 있는지? 복잡한 세제 (稅制)를 통해 빨아들인 세금은 국민의 생활을 위하기는커녕 상당 부분이 정치가 자신과 이익단체, 관료조직의 이득으로 돌아가고 있는 것 같다. 그렇다면 국가는 국민을 지키는 게 아니라 그저 강도일 뿐이다.

그래도 국가, 필요합니까?

그런 국가는 어떻게 생겨났나?

본래 국가라는 건 없었다. 센코쿠(戰國)시대, 즉 누구나가 "내가 천하를 쥐고야 말겠다!"고 꿈꿀 수 있었던 시대, 그것이 원점이다. 그때에는 누구나 자신의 폭력을 갖고 있었고, 그것으로 주변의 적과 싸워 부하로 복종시키고 위로 올라섰다. 이는 일본뿐 아니라 중국, 유럽도 마찬가지였다.

무대는 유럽. 중세 전성기(9~13세기)의 통치상태는 기본적으로 봉건제였다. 즉, "천하를 거머쥘 테다!"며 기세등등 골목대장 같은 폭력 소유자(기사)들이 다수 존재했고, 그자들이 서로 간에 주군과 가신의 계약을 맺었으며, 그런 계약들이 중첩하는 모양새를 취하고 있었다.

그들은 싸워서, 강한 자는 주군으로부터 영지를 받아 영주가 되고, 제후를 자처할 수 있었다. 그러나 이윽고 봉건적 주종관계가 무너지자, 그들 중에서도 용병을 활용하여 더욱 전력을 강화한 자, 지배지에서 세금을 거둬 재력을 강화한 자가 차츰 대두하게 된다. 그러한 소수의 승자 그룹 중 최고봉이 그 후 '국왕'이라 불리며 광대한 토지를 지배하게 된다.

한편, 국왕과 제후의 영지에는 예로부터 독자적인 생활을 영위하고 있던 촌민이나 도시민이 있었다. 그들은 선조로부터 전래되어온 관습법이나 상호 서약 등에 의거해 영주의 지배에 저항했다. 요컨대, 여러 차원에서 자율적인 힘을 가진 사람들이 각각의 규율을 갖고서 모자이크 상태로 공존하고 있었던 것이다. 그런 어수선한 상태를 하나로 통합한 것은 로마 가톨릭이라는 종교였다.

그런데 그 가톨릭에서 종교개혁이 일어나 종파 대립이 발생하자, 그때까지의 정신적인 통합이 붕괴되고 말았다. 사회의 다양한 차원에서 가톨릭과 프로테스탄트 양 세력 간 격렬한 충돌이 빈발했고, 제후가 사실상 지배하고 있는 영역에서도 종교에 기반한 분쟁이 일어났다. 그러자 제후로서는 이렇게 느끼게 된다. "이거 뭐야! 나의 시마*에서 옥신각신하다니!" 제후도 '국왕'이라는 명칭을 갖게 되면, 자신의 지반이 덜커덩거리는 걸 바라지 않는다. 그래서 '주권'이라는 사상이 등장했다.

---

* 지배하고 있는 세력권의 별칭. 제2장 55쪽 주석 참조.

'주권'이란 프랑스의 법학자 보댕이 말한 개념으로, 가장 폭력을 집중시킨 최강의 제후를 국왕 또는 군주로 하여 그 지배 영역 안에서 종교적·지역적·언어적·관습적인 차이를 모두 통괄하는 '절대적이고 영속적인 권력'으로 자리매김해주는 것이었다. 주권자인 국왕은 폭력을 합법적으로 독점하여 자신이 지배하는 국내에서 일체의 내전이 일어나지 못하게 한다.

이리하여, 종교 세력으로 대표되는 자율적 사회 세력들의 영맹(獰猛)함*으로부터 사람들의 생명과 인권이 실효적으로 지켜지게 되었다. 주권은 국내의 평화를 만들어낼 뿐 아니라, 입법권, 외교권, 관리임명권, 재판권, 화폐주조권, 도량형제정권, 과세권 등을 한 손에 거머쥐게 되었다.

그 결과 오늘에 이르기까지, 주권국가가 있기 때문에 국민의 기본적 인권이 지켜지는, 국가가 국내의 평화와 질서를 유지하기 위한 업무를 전담하는, 그를 위한 비용으로서 국민으로부터 세금을 징수하는 것은 당연하다, 는 '상식'이 통용해왔던 것이다.

하지만 법철학자는 이에 승복하지 않는다. 주권이 폭력의 독점인 이상, 그것을 그대로 존속 또는 확대하도록 나둬도 되는가? 또한 앞에서 말했듯 주권 전속(專屬)으로 간주되는 다양한

---

* 모질고 사나움.

업무를 그냥 국가에 위임해도 되는가?

정부는 국민으로부터 많은 세금을 징수하여 그 돈으로 복지 정책을 펴야 한다는 '큰 정부'의 사상 그룹이 있지만, 그와 반대로 정부는 가능한 한 작고 그 권능도 한정적이어야 한다고 생각하는 사상 그룹도 있다. 후자는 국가가 부의 재분배까지 할 필요는 없으며, 원래 그럴 능력도 권한도 없다고 말한다. 전자에 대해서는 이미 제3장에서 서술했으니, 이 장에서는 후자의 사상 그룹을 개관해보자.

도덕적으로 보아 국가는 작은 편이 좋다 — 로크, 노직

주권국가가 폭력의 독점인 이상, 가능한 한 작은 편이 좋다고 생각하는 사람들이 있다. 그 대표가 제8장에서 거론한 17세기 영국의 로크다.

그에 따르면, 사람은 국가의 성립 이전부터 생래의 자연권, 즉 자신의 신체를 소유하고 태어난 데서 유래하는 '자기소유권'을 평등하게 가지고 있다. 자신의 신체를 지배하는 자는 그 당사자뿐이며 타인은 그것을 지배할 수 없다. 나아가 사람은 자신의 신체를 사용하여 노동한 결과로 획득한 외물(外物)이나 산물에 대한 소유권을 갖는다. 그런 고로, 정부는 각인의 생명, 건강, 자유와 그 소유권을 지키는 데만 전념해야 하고, 그 이상의 불필요한 일을 해서는 안 된다. 로크는, 말하자면 자연권에 의해 정부의 권한을 제약한다는 의미에서, 도덕적 이유로부터 작은 국가를 주장했다고 할 수 있다.

로크의 후계자로서 오늘날 유명한 사람은 로버트 노직이다. 노직의 사상도 제3장에서 언급했지만, 간단히 복습해보자.

노직은 『아나키, 국가 그리고 유토피아』에서 로크의 자기소유권론을 철저히 일관하는 논지를 전개했다. 사람은 자기노동으로 획득한 것에 대해 소유권을 가지며, 그 이전은 본인의 자유의사에 기초한 교환이나 증여에 의해서만 정당화된다. 따라서 소유자의 뜻에 반하는 강탈은 결코 인정될 수 없으며, 정부라 해도 그것은 마찬가지다. 그러므로 복지정책을 위해 고소득자로부터 본인의 의사에 반하여 높은 세금을 징수하고 그것을 사회에 재분배하는 것은 용인되지 않는다고 말한다.

요컨대, 노직은 개인의 자기소유권과 자유의사가 가장 존중되는 사회를 지향하고, 정부의 역할은 치안 유지와 피해자의 권리 회복으로 한정되어야 한다고 생각한다. 이는 로크와 마찬가지로, 자연권을 의무적으로 관철하는 도덕적인 최소국가론과 다르지 않다.

효율적으로 보아 국가는 작은 편이 좋다 — 스미스

또 한편, 시장사회의 효율성을 유지하기 위해 정부가 이것저것 주제넘게 참견하는 것을 제한해야 한다는 이유에서 나온 작은 국가론도 있다. 글래스고(Glasgow)의 경제학자 애덤 스미스(Adam Smith: 1713-1790)가 『국부의 성질과 원인에 대한 연구*An Inquiry into the nature and causes of the Wealth of Nations*』(1776년. 국내에는 통칭 『국부론』으로 소개돼 있다)에서 논한 내용이다. 즉, 자유시장에서 이뤄지는 인간의 경제활동에 정부가 개입해서는 안 되며, 개인의 자유에 맡겨두면 사회 전체는 더 풍요롭고 바람직하게 된다는 사고다. 속칭 자유방임주의라 불리는 원칙이다.

스미스는, 각인이 "자신의 이익을 추구함으로써, 사회의 이익을 의도적으로 증진하려는 것보다 더 유효하게 사회의 이익을 증진하는 경우가 자주 있다."고 서술했다. 즉, 사람들의 경제활동을 자유방임으로 두면 각인의 사적 추구 행위가 결과적으로 이타적인 효과를 가져오고, 그 결과 사회 발전에 기여한다고 주장했다. 가령 "우리가 식사를 할 수 있는 것은 푸줏간이나 술집이나 빵가게의 자기 자신의 이익에 대한 관심에 말미암는다."고 말한다. 소비자의 시선에 서서, 기업과 상인이 사람들의 사욕을 자극하는 경쟁을 자유롭고 공정하게 행해야, 정말로 필요한 것·품질이 더 좋은 것을 풍부하게 생산하게 되고, 그로써 수요와 공급의 균형이 잡혀 상품의 적정한 양과 가격을 실현한다는 것이다.

스미스가 보건대, 국가는 시장사회와 개인의 신체·자유·재산을 지키는 야경 역할만 하면 된다. 이른바 야경국가론이다.

국가는 정원사여야 — 하이예크

그런 스미스를 존경하고, 한 발 더 나아가 "개인의 자유는 질서의 어머니"라고 논한 사람이 있다. 오스트리아 학파의 경제학자 프리드리히 A. 하이예크(Friedrich August von Hayek: 1899–1992)다. 그의 개인주의에서 흥미로운 것은, 인간은 누구나 무지하며 타인을 지휘할 수 있는 능력이나 자격을 갖춘 사람은 어디에도 없다고 생각한다는 점이다. 무지한 인간이 경제와 사회를 설계하거나 통제할 수 없다는 이유에서, 그는 사회주의와 계획경제 등 이른바 설계주의를 철저히 부정했다.

그가 보기에 최선의 방법은, 각인이 자신의 개인적인 목적을 실현하고자 자유롭게 시행착오를 겪고 그 결과 체득한 직인(職人)의 감이나 요령과 같은 앎(관습, 전통)을 전달하며, 축적하고, 그것을 모두가 유효하게 활용할 수 있는 시장사회에서 사람들이 활동하는 것이다. 사람들은 시장에서 자유롭게, 자율적으로 성장해야 한다.

그렇다면 그런 하이예크에게 국가는 어떤 것이어야 할까? 계획경제에 반대하는 만큼 국가의 무분별한 시장 개입은 당연히 부정하지만, 그렇다고 국가 자체를 부정하지는 않는다. 하이예크는 "정부는 건축가가 아니라 정원사여야" 한다고 말한다. 정부는 인위적으로 제도를 설계하여 시장을 방해할 것이 아니라, 시장의 토양을 정비하여 씨앗을 뿌리고 그런 다음 각 생명이 자율적으로 성장하여 그 능력을 꽃피울 수 있도록 지원 역할을 관철해야 한다는 것이다. 이를테면 실업자 구제를 위해 그저 돈을 뿌릴 게 아니라, 일정한 직업 훈련을 시켜 자립의 힘을 길러주는 식으로 말이다. 나아가 하이예크는 시장을 안정시키는 역할을 담당하는 주체로서 국가뿐 아니라 중간 집단(가족, 기업, 지방자치체)의 기여도 중시했다.

국가는 필요하지 않다 — 아나키즘

이상, 정부가 세금을 펑펑 써서 이리저리 사회에 개입하는 것에 반대하는 철학의 대표적인 것들을 살펴보았다. 하지만 이들 철학은 어느 것이나 국가 자체를 부정하지는 않는다. 극히 한정적이긴 하지만, 정부가 아니면 할 수 없는 기능이 있고, 그것이 결여되면 사회가 돌아가지 않는다고 생각한다.

그러나 이 정부 전속으로 간주되는 기능초자 민영화할 수 있다고 생각하는 논자들도 있다. 그런 사람들에게 국가는 불필요하다. 또한 본래 정부의 존재 자체가 성가시고 따라서 국가는 필요 없다고 주장하는 사람들도 있다. 이런 논의들을 검토해보자.

아무리 고매한 이상일지라도 그를 위에서 강권적으로 압박하는 것은 싫은 법이다. 1789년에 일어난 프랑스혁명 후 혁명정부의 독재, 또 짜리즘에 반발한 사람들로부터 정부 그 자체를 부정하는 사상이 잇달아 등장했다. 그것이 아나키즘이라 총칭되는 것이다.(Anarchism이란 '통치의 부재'주의라는 의미.) 사람에게는 모두 이성이 평등하게 갖추어져 있다는 계몽사조에 준거하여, 정부나 의회 입법 등의 강제를 일체 부정하고, 사람들의 자발적인 계약과 경제적 유대, 상호부조 등에 기초하여 영위되는 사회 상태만이 유지되어야 한다는 사상 그룹이다.

그 유형으로는, 피에르 J. 프루동(Pierre Joseph Proudhon: 1809-1865, 프랑스)으로 대표되는 개인주의적 아나키즘(반중앙집권과 지방분권을 주창하고, 오로지 경제주의로서 거래와 교환에 기초한 사회 질서를 요구한다), 표트르 A. 크로포트킨(Pyotr Alekseevich

Kropotkin: 1842-1921, 러시아)으로 대표되는 코뮌형(생산 소비를 비롯한 사람들의 생활 전체를 지방 코뮌에 위임한다), 미하일 A. 바쿠닌 (Mikhail Aleksandrovich Bakunin: 1814-1876, 러시아)으로 대표되는 집산주의형(노동자에 의한 조합의 자유연합을 사회의 기초로 한다)이 있다. 이들은 법에 관해서는 황금률이나 양심 등 하나 내지 약간의 규율만으로 충분하다고 본다.

아나키즘이 가능해지는 조건

많은 사람들은 정치권력이 없으면 질서가 유지되지 않는다고 생각하며, 그런 까닭에 아나키즘에 회의적일 것이다. 그러나 조건만 갖추어지면 통치하는 권력이 없어도 질서가 발생할 가능성은 있다. 아나키즘을 가능케 하는 조건이란 무엇일까?

하나는 호수성(互酬性)*이 있을 것, 이다. 호수성이란, 이타적 행위의 상호 수행이 긴 눈으로 보면 각 행위자 자신의 자기이익으로 연결되는, 그런 시스템을 말한다. 이런 시스템이 사실상 이루

---

* 개인 혹은 집단 사이에서 증여를 받은 쪽이 준 쪽에게 어떠한 답례를 하는 것으로 상호관계가 갱신·지속되는 것.

어져 있으면 경험칙에 따라 구성원들에게 자발적으로 공유된다. 그러나 이것이 잘 기능하기 위해서는 집단의 규모가 작을 것, 구성원의 교체가 거의 없을 것, 구성원 사이에 경제적 평등이 대체로 이루어져 있을 것이 조건으로 요구된다.

이 호수성은 악동들 사이에도 성립한다. 예전에 커플을 협박하여 돈을 빼앗은 10대 소년 그룹이 체포되었다. 그런데 이 9인 그룹은 '7개조 규율'을 정해놓고서 범행을 저질렀던 사실이 판명되었다. 그 규율이란 "동료는 팔지 않는다.""뺑뜯은 돈은 전부 균등하게 분배한다.""협박 때 나이 차이는 상관없다.""협박 건에 대해서는 자기 여친한테도 말하지 않는다.""뺑뜯은 돈은 곧바로 쓰지 않는다.""협박 때는 각자 역할 분담을 정하고 5인 이상으로 행동한다." 등이다. 그러니까, 그룹 내의 경제적 평등을 기초로 하여 당장의 자기이익보다도 그룹 유지를 위한 이타적 행위를 우선하는 구조를 그럴듯하게 만들어놓았던 셈이다. 더구나 주목할 점은, 그 규율들이 입법된 게 아니라 소년들이 오랜 시간에 걸쳐 키워온 경험칙에 기반하고 있다는 것이었다. 그것들을 지켜나갔기에 이 악동 그룹은 꽤 긴 시간 동안 범행을 계속할 수 있었다. 바로 이것이 어떤 사람들 사이에서도 성립하는 호수성의 알기 쉬운 견본일 것이다.

두 번째는 사람들의 시인(是認)과 비난이 공공화되어 있을 것,

이다. 즉, 그룹 멤버가 고정돼 있고, 서로 얼굴을 알아보는 관계에 있는 데다 이탈이 불가능한 상황하에서 자연스럽게 상호 감시와 평가가 이루어져, 프리라이더*나 비겁자에 대한 사회적 제재가 내려지게 된다. 따라서 멤버는 제재를 받지 않도록 스스로를 규제하지 않으면 안 된다.

아나코 캐피털리즘(무정부자본주의)

고전적 아나키즘은 매력적이긴 하지만 현실성이라는 점에서는 허술한 바가 있었다. 그러나 현대에는 고도로 발달한 자본주의 메커니즘으로 인해 이미 정부는 불필요해졌다고 주장하는 사상이 경제학 분야를 중심으로 전개되고 있다. 그것이 아나코 캐피털리즘(Arnacho-capitalism), 혹은 국가의 모든 기능을 민영화한다는 이론이다. 이 입장은, 리버터리아니즘(제3장 참조)이 경찰 기능·방위·사법을 정부의 최종 존재 의의로 간주하고 있음에 반해, 그것마저도 민영화할 수 있다고 본다.

그럼, 대표적인 2인의 논자를 소개하기로 한다.

---

* free-rider. 그룹의 목표를 위해 아무 노력이나 참여를 하지 않는 사람. 무임승차자.

(1) 과세는 국가에 의한 절도, 국가는 도덕적으로
부정하기 때문에 불필요 ─머리 로스버드

로스버드(Murray Newton Rothbard: 1926-1995)는 미국의 경제학
자로, 하이에크와 마찬가지로 오스트리아 학파의 영향을 강하
게 받았다. 그에 따르면, 개인은 자유의사와 자기소유라는 두 가
지 '자연적 사실'에 의거해 살아가며, 자기노동을 대상물에 혼입
함으로써 얻은 재산권을 갖기 때문에 자유로울 수 있다. 인간은
사회적 동물이므로 사회는 필요하지만, 국가는 도덕적으로 부정
하기 때문에 불필요하다. 그 이유는, 국가는 과세라는 절도에 의
해 개인의 재산권을 침해하고 있는 것, 그리고 영토상에서의 폭
력과 최종적 결정권력을 독점하여 각인의 자유로운 방위·사법
서비스 구입을 방해하고 있는 것에 있다. 과세는 절도이기 때문
에 지불할 필요가 없고, 국가가 서비스해온 사항은 모두 사인(私
人)이 공급하면 된다. 주목할 것은, 로스버드는 방위와 사법마저
도 개인의 재산권으로서 자유롭게 매매할 수 있다고 본다는 점
이다.

(2) 효율성이라는 점에서 공공재의 공급은
전부 민간에 맡겨야 한다 ─데이빗 프리드먼

프리드먼(David Friedman)은 1945년에 태어나 하버드대학, 시카고

대학에서 화학과 물리를 전공한 이론물리학 박사다. 그러나 법학과 경제학을 독학으로 공부하여 1973년 『자유의 메커니즘*The Machinery of Freedom*』이라는 책에서 독자적인 무정부자본주의를 전개했다. 그는, 정부는 애초부터 최악이라는 신념을 갖고 있다. 정부의 규제와 개입은 시장을 왜곡하고, 정부가 제공하는 서비스는 비효율적이고 획일적이며 게다가 불투명하다. 때문에 공공재의 제공을 포함해 모든 것을 시장에 맡겨야 하고 정부가 관여하지 않는 게 기업의 사회적 공헌이나 시민사회의 활동도 활발하게 만든다고 주장한다.

아나코 캐피털리즘의 원칙

여기서, 논자별 차이에 관계없이, 현대 사회에서 정부와 관청을 없애버리자고 주장하는 의견의 근거로 제시되는 것들을 열거해보자.

❶ 모든 인간은 태어날 때부터 타인(정부 포함)으로부터의 개입이나 공격에 대해 자신의 신체와 자유, 그리고 자력으로 얻은 재산을 지키는 도덕적 권리를 가지고 있다. 이는 국가가

성립하기 이전부터 존재했던 권리다(로크와 랜드, 노직).

❷ 개인의 정당한 재산은 그 사람의 자기노동에 의해서만 획득된다.

❸ 개인의 자유의사를 가장 존중하며, 개인 재산의 정당한 이전은 그 자발적인 교환·증여에만 의한다. 소유자 본인의 자유의사에 반하는 재산의 침해나 박탈은 설령 정부에 의한 징세라는 구실이라도 절대로 인정되지 않는다.

❹ 정부·관청에 의한 공공재를 비롯한 다양한 서비스의 강제적인 독점은 효율적이지 않고 서비스의 질을 떨어트린다. 공공재란 "모두의 것(common)" 즉 "개인의 이익 중에서 개별적으로 향유할 수 없는 것"(모리무라 스스무)을 가리킨다. 물, 전파, 교통, 치안 등인데, 이것들은 민간기업도 공급할 수 있으며 국가가 아니면 제공 못 할 이유도 없다. 오히려 국가에만 공급을 맡기는 것은 재(財)의 질을 떨어뜨릴 뿐 아니라 불필요하게 고가(高價)가 된다. 또한 정치가나 관료의 부패·권한남용의 온상이 된다.

❺ 이제까지 국가가 시행해온 모든 업무를 민간기업에 맡기고,

---

* 아인 랜드(Ayn Rand: 1905~1982). 러시아계 미국인 소설가, 극작가, 영화 각본가. 소설 『파운틴헤드』와 『아틀라스: 지구를 떠받치기를 거부한 신』 등이 대표작이며, 객관주의라는 철학적 시스템을 발전시킨 것으로 알려져 있다.

시장에 의한 자유경쟁에 노출시켜야 한다. 경쟁을 공정하게 하기 위해서는, 무슨 이유를 붙여서라도 개입하는 정부와 관청을 없애야 한다.

❻ 경찰·재판·조정(調停)·국방까지도 민간에 맡겨야 한다.

그런데 이들 원칙을 관철시키면 어떤 사회가 될까? 무정부자본주의의 세계에 대해 교육·경찰·형벌·전쟁의 네 가지 각도에서 시뮬레이션해보자.

아나코 캐피털리즘의 세계

(1) 교육

물론 이 사회에는 국립, 공립학교라는 것이 없다. 당연히 문부과학성이라는, 교부금을 언뜻언뜻 내비치며 대학에 이런저런 개입을 하는 관청도 없다. 그래서 "국민의 세금으로 공부하는 거잖아."라고 지껄여대는 정치가도 없다. 본래 교육은 사숙(私塾)*에서 했었고, 그래도 일본은 멸망하지 않고 지금까지 왔으니 전부 사

---

* 학문 따위를 사사로이 가르치던 곳. 대개 숙식을 함께 해결했다.

립학교여도 이상할 게 없다. 대체로 오늘날 학생들이 학교보다 더 진지하게 다니며 공부하는 진학학원 시스템은, 학생들이 자유롭게 결정하지만 딱히 문제될 것은 없지 않은가. 왜냐하면 학원은 경쟁에 노출돼 있으니 고객이 떠나가지 않도록 질 나쁜 교육을 할 수 없으며, 경영에 차질을 주는 스캔들을 일으키지 않도록 능력과 함께 인간성이 우수한 강사밖에 고용하지 않을 것이기 때문이다.

학교가 어떤 내용을 가르쳐야 하는가는 각 학교가 독자적으로 정해 학생 모집 경쟁을 한다. 교육비는 유소년기에는 부모가 지불하지만, 어느 정도 성장하면 아르바이트 등으로 자기부담이 원칙. 가난해도 향학열이 높고 능력이 있는 아이에게는 NPO* 또는 세간의 평판을 높이고 싶은 대기업이나 은행이 융자하여 고도의 교육을 받게 하고 출세하면 회수한다. 대학시험도 수험생과 대학 교원에게 불필요한 부담을 강제하는, 번거로운 것일 필요가 없다. 돈을 지불할 수 있는 희망자는 원칙적으로 전원 입학. 그러나 우수한 학생을 세상에 내보내지 못하면 대학의 사회적 평가가 하락하기 때문에 진급과 졸업 기준이 엄격해서 클리어하기가 쉽지 않다. 하지만 학생 중에는 다양한 니즈가 있어,

---

* Non Profit Organization. 비영리단체.

졸업하기 까다로운 엘리트 대학을 선택하는 자도 있지만 편안한 학생 생활을 보내다가 졸업하기 쉬운 대학을 선택하는 자, 스포츠로 유명한 대학이나 예능인이 많이 다니는 대학을 선택하는 자도 있을 것이다. 그런 의미에서 사람들의 다양한 인생 목적에 조응한, 다양한 대학이 경영된다.

좌우간, 사람들의 지지를 받지 못하는 대학은 소멸해갈 뿐.

(2) 경찰

리버터리안(Libertarian)인 노직도 일원화된 경찰 기능을 담당하는 존재로서 최소국가를 정당화했지만, 그것은 결정적인 답이 아니었다. 경찰은 하나일 필요가 없고 국가만이 운영하는 업무가 아니어도 괜찮다. 민간경비회사가 복수 존재하고, 그 각각이 "안심 피버"* 등 자사의 좋은 치안 서비스를 어필하고, 사람들은 가장 신뢰가 가는 회사와 계약을 맺어 '지킴'을 받는다. 경비회사 간 경쟁을 통해 치안 유지의 수준도 올라간다. 이점(利點)은, 사건이 일어난 뒤의 검거율이 아니라 애초에 범죄가 일어나지 않도록 하는 면에서 각 회사의 우수성을 겨루는 데 있다.

그 밖에, 지역에서는 사적인 인간관계에 기초하여 결성되는

---

* "안심 피버(fever)"는 일본 종합보안경비업체 Alsok가 내건 광고 문구다.

자경단(가디언엔젤스)에 의한 지킴도 있고, 결코 범죄와 조우하지 않고 무엇보다 안전한 생활을 요구하는 사람들은 민간기업이 건설 운영하는 성벽주택가(Gated Community)로 이주하여 그 안에서 산다. 후자는 입구에 민간경비회사가 눈을 번뜩이고 있어 계약자 이외의 자는 들어갈 수 없는 주택가로, 내부에 병원과 학교, 은행 등 생활에 필요한 시설이 구비돼 있다. 미국에는 실제로 그런 곳이 다수 있고, 일본에서도 고령자들이 전국에서 이주해 오는 커뮤니티(후쿠오카 '미나기노모리[美奈宜の杜]')가 있다. 쇼핑몰도 우수한 치안을 판매 부수사항으로 내걸어, 그 안에서 구입하는 상품에 다소의 안전비가 붙기는 하지만, 범죄와 만나고 싶지 않은 사람들은 이를 납득하고 이용한다. 이리되면 치안은 '배제 가능성을 가진 영토적 재산'이라고도 할 수 있을 것이다.

그러나 이들 민간경비회사로부터 확실한 안전을 제공받기 위해서는 말할 것도 없이 돈이 든다. 부유한 사람밖에 안전하게 살 수 없다는 문제점이 확실히 있다. 결국 한 사람 한 사람이 경계심을 갖고, 강하지 않으면 살 수 없는 사회일지도 모른다.

(3) 형벌

다양한 방식이 제안되고 있지만, 어쨌든 중요한 것은 범죄억지력이 될 것, 그리고 가해자로 하여금 피해자에게 '부채' 플러스 알

파를 지불케 할 것, 이다. 로스버드는 절도범에게 강제노동을 시키고 거기서 생기는 수입을 피해자에 대한 배상이 다 이뤄질 때까지 지불케 할 것, 또 단지 배상하면 끝이어서는 억지력이 되지 않으니 훔친 액수의 2배를 지불케 할 것을 제안한다. 같은 이유로 폭행범은 피해자에게 준 고통과 공포에 플러스 알파 분(分)만큼의 형벌을 가한다. 예를 들어 A가 B를 구타했다고 하면 피해자 B는 더 강한 정도로 A를 때릴 권리를 갖는 식으로.

한편, 형벌을 일률로 정하지 않고 원고의 생각에 따라 달리할 수도 있다. 가령 생전에 "만약 나를 죽인 자가 있다면 돌로 쳐죽이는 형에 처하고 시내 이곳저곳을 끌고 다녀 너덜너덜하게 만든 다음 부엌쓰레기로 처리하는 벌을 주기 바란다."고 명기하여 범죄보험회사에 위탁할 수도 있다. 만일 정말로 그 같은 사태가 일어났다면 보험회사가 피해자의 생전 의사를 알리고, 집행회사가 그 집행을 맡는다.

사형에 대해서는 견해가 나뉜다. 사형 집행은 원고나 그 상속인이 피고인에 대해 요구하느냐 아니냐에 따른다는 의견도 있지만, 원고 측에 복수권이 있음을 인정하는 의견도 있다. 다른 한편, 사형이라는 것은 가해자가 피해자·유족에게 아무 배상도 하지 않고 끝나버리는 것이기 때문에 비합리적이며, 가해자는 피해자·유족에 대한 배상을 다하기 위해 평생 강제노동을 시켜야 한다는 의견도 있다(랜디 바넷*).

(4) 전쟁

전쟁도 민간기업이 청부한다. 그렇지만 무정부 사회에서는 국가가 없기 때문에 국가에 의한·국가를 위한 전쟁은 없다. 그래도 이 사회가 상대국으로부터 공격받거나 도전을 받을 때에는 응전하지 않을 수 없을 것이다.

실제로 서양에서는 민간군사회사가 다수 존재한다. 그중 유명한 회사는 미국의 '블랙워터'(현재의 아카데미)로, 아프가니스탄 분쟁과 이라크전쟁에서 미군 정규병의 부족을 보충해 경비와 비밀 임무, 군사훈련 등의 군사 서비스를 제공함으로써 급성장을 이루었다. 사원 중에는 전직 정예부대 군인들이 많다. 2012년에는 터키·시리아 국경에서 반 아사드파 세력에 대해 군사훈련 서비스를 시행했다. 또 체니 전 미국 부통령이 CEO를 맡고 있는 '핼리버튼(Halliburton)'은 석유 관련 기업이면서 이라크전쟁 때 미군의 후방지원과 복구사업을 했다.

전쟁에 개재하는 민간기업은 아프리카에서 분쟁이 빈발할 때부터 등장했다. 대략 세 종류의 기업이 있다. 군사지원 기업(취

---

* Randy Barnett(1952-). 미국의 법학자이자 변호사.

사·세탁·물품 조달을 담당한다), 군사 컨설턴트 기업(전술·전략의 조언이나 병력의 훈련 대행을 담당한다), 군사역무 제공 기업(최전선에서 전투에 참가한다)이다. 퇴역군인의 재취업처이기 때문에 말하자면 전쟁 프로 집단이다. (만화 『요르문간드』는 이런 기업을 그리고 있다.) 이들 기업은 물론 국가 간 전쟁에 관여하지만, 그뿐 아니라 UN에 의한 분쟁 조정이나 평화 유지 활동에도 참가하고 있다.

국가도 민간군사회사에 의뢰하는 사례가 늘어나고 있다. 왜냐하면 자국의 군대를 쓰는 것보다 싸게 먹히고, 또 의회나 매스컴의 추궁을 피해 인원을 조정할 수 있는 등의 이점이 있기 때문이다. 또한 미국에서는 퇴역군인의 더할 나위 없는 재취직처이기도 하다. 문제점은, 각국 정부의 전쟁에 관여한 결과에 대해 책임 소재와 설명 책임이 불명료하고 통제도 불안정하다는 것이다. '블랙워터'도 이라크에서 민간인을 사살한 것에 대해 국내외에서 비난을 받았다.

국가가 없어도 공공재를 분할 소유하는 오너들이 존재하고, 그 오너들이 전쟁에 말려들 위험은 있다. 그럴 경우 오너들은 자신의 재산을 외적으로부터 지키기 위해 민간군사회사에 의뢰하게 될 것이다.

그럼에도 국가는 필요한가?

이상, 만일 국가가 없어지면 어떤 사회가 될지 그 이미지를 소묘해보았다. 이에 말할 수 있는 것은, 개인의 자유 정도는 꽤 높아지고 각종 서비스의 질도 향상될 수도 있지만, 그만큼 스스로 자신의 몸과 재산을 지키도록 강하고 현명해지지 않으면 안 된다는, 상당히 긴장도 높은 사회가 되리라는 것이다. 또한 세금이나 각종 보험료는 지불하지 않아도 되지만, 살아가기 위해 이리저리 돈이 드는 것도 불가피한 일이다.

그러나 그 지출 목적은 모두 자신의 구체적인 이익을 위한 것이므로 일단 납득할 수 있다. 그 점에서, 어떻게 사용되는지도 모르는 채 세금을 꼬박꼬박 내지만 그만큼 생활이 좋아지지 않아 답답함을 느끼는 것보다야 낫지 않은가 하는 사고방식도 가능하다.

하지만 그럼에도 국가가 필요하다는 의견이 대다수인 것은 확실하다.

마지막으로, 그런 의견들에 대한 답으로 이 장을 닫기로 한다.

❶ 국가는 입법·행정·사법의 3권이 상호 견제함으로써 그중 하나가 폭주할 위험이 없다. 또 그 행위는 헌법과 법률의

규제에 복속되며, 나아가 국민에 대한 투명성과 답책성(答責性: 설명 책임)이 요구된다. 또한 국가는 헌법에 입각하여 모든 국민을 차별 없이 다루지만, 사기업은 경영 효율이라는 관점에서 사람들에게 차별적 대우를 한다.

🅐 이상과 같은 기능은, 비록 민간이라도 시장원리와 호수성을 감당할 수 있지 않을까? 기업에 대한 소비자의 점검과 비판은 의외로 엄격하다. 불상사를 일으키거나 답책성을 해내지 못하는 기업은 불매나 보이콧과 같은 사회적 제재를 받아 최악의 경우 파산한다. 또 민간 신용평가회사가 엄격하게 체크하여 악질 기업을 공표할 수도 있을 것이다. 물론 사기업은 고객의 순위를 매겨 차별적 대우를 하는 경향이 있다. 하지만 동시에 사회의 다양한 니즈를 탐색하고 그로부터 비즈니스 기회를 발굴하는 데도 적극적이다. 예컨대 LGBT의 고유한 니즈에 착안하여 그런 사람들을 대상으로 비즈니스를 전개하는 기업이 등장했다. 기업은 복수로 존재하고, 사회의 다종다양한 층을 대상으로 서비스를 제공함으로써 차별 문제는 완화되지 않을까?

❷ 폭력을 독점하고 있는 국가야말로 시장과 소유권, 자본주의를 보호하고 있다. 국가의 폭력 논리는 시장의 논리

로 회수되지 않는다. 아무리 민영화가 추진되더라도 자본주의를 지탱하는 폭력의 독점체, 또 법권리의 보장 주체로서 국가는 남을 수밖에 없다.

🈲 이 견해는 국가가 영토와 공공재를 독점하고 있는 상태를 전제로 한 것이다. 무정부 사회에서 영토와 공공재는 사유재산으로 분할되어 있기 때문에 그 오너 각인의, 자기 재산을 지키려는 인센티브에 의해 사회와 시장이 유지된다. 오너들은 필요하면 민간경비·군사회사에 의뢰하는 등 자신의 재산을 지킬 것이다.

❸ 개인의 권리 보장은 국가라는 유일한 보장 주체와 일원적인 법체계에 의거하지 않으면 불가능하다.

🈲 무정부 사회에서는 사회 전체에 적용되는 일원적 제정법은 없다. 그 대신, 각 경비회사와 계약한 재판회사가 각기 고유의 법률을 내걸고 사람들에게 어필한다. 그 내용을 납득한 사람이 그 회사와 계약하여, 자신이 원하는 권리를 실현 보장해줄 것을 요구한다. 그리고 서로 다른 법체계와 재판회사 간의 교섭을 통해 개인의 구체적인 권리가 보장된다.

이번 기회에 현재와 같은 정부나 관청이 없어지면 정말로 생활이 불가능해질지, 여러분 모두 생각해보면 안 될까? 국가를 부정하는 아나코 캐피털리즘이라는 사상은 '위험한 법철학'의 진면목을 보여주는 제재다.

제10장

불평등의 근절은 영원히 끝나지 않는다

— 어디까지 평등을 실현할 수 있는가/해야 하는가

Q: 본인이 만족하면 가난해도 좋다?

Q: '슈퍼 의족'은 능력의 보전인가, 증강인가?

회식의 평등이란?

평등이 가장 절실한 문제가 되는 건 회식 때의 계산이 아닐까 싶다. 학자들의 회식에서 돈을 낼 때는 일단 교원 등 유직자에 봉급자인 사람은 많이, 대학원생 등 전임 직을 갖지 못한 사람은 그 반액 정도(혹은 그 이하) 지불하는 식으로 되어 있다. (법철학회에서는 말이지.)

일반적으로 정기 수입이 있는 사람이 아직 그렇지 못한 사람보다 많이 내는 것은 부담의 평등이라는 점에서는 납득할 수 있다. 그러나 유직자 중에는 주택 대출이나 자식 교육비 때문에 자신이 자유롭게 쓸 수 있는 돈이 적은 사람이 있는 한편, 대학원생 중에는 매월 용돈이 수십만 엔인 부잣집 아이도 있을 수 있다. 게다가 자신이 좋아하는 술과 안주를 마음대로 주문해도 되는 자리라면 대학원생들은 이때다 하고 맛있는 걸 실컷 먹고 마실 것이다. 반대로, 나이 많은 유직자는 위장 상태가 안 좋다든가 의사로부터 엄격한 주의를 받은 터라 그다지 먹고 마시지 못하는 경우도 많다. 그런 사정을 고려하면, '유직자=경제적으로 여유 있다=많이 낸다', '대학원생=경제적으로 어렵다=적게 낸다(또는 무료)'라는 일반 룰은 유직자에게 좀 심한 게 아닌가 하는 생각이 들 때도 있다.

그렇다면 노소를 불문하고 동일 회비의 무한리필 코스로 하면 되지 않느냐고 생각할 수도 있겠다. 하지만 이 경우도 끝없이 마시는 술고래와 술잔에 입만 대도 취하는 사람 간에 불균형이 생긴다.

이렇게 회식 문제 하나만 해도 부담의 평등 문제는 이러쿵저러쿵 말하다 보면 끝이 없다. 하물며 세금이니 각종 보험료니, 마지못해 내는 돈의 용도에 대해서는 누구도 불평등을 느끼고 있지 않을지? 그러나 한 사람 한 사람의 사정을 고려하여 만인의 평등을 실현하는 건 너무나 어렵다. 아니, 불가능할 것 같다.

그런데, 왜 평등하지 않으면 안 되는 걸까?

평등은 사람마다 각기 다르다

평등이란 특정한 속성에 입각하여 사람을 대우하는 것인데, 어떤 속성을 선택하는가에 따라 내용이 달라진다. 앞에서 적은 회식의 계산 문제를 봐도, 속성을 '직(職)의 유무'로 하느냐, '본인의 경제적인 여유 정도'로 하느냐, 혹은 '본인의 먹고 마시는 양'으로 하느냐에 따라 각 참가자의 지불액이 달라진다. 그리고 어떤 속성을 기준으로 하더라도 반드시 누군가는 불만감을 갖게 돼 있다.

그렇다. 바로 이것이 평등이라는 사고의 복잡하고도 까다로운 점이다. 모두가 막연히 "평등은 좋은 것"이라고 말하지만, 만인이 납득하는 완전한 평등 상태라는 것은 사실 성립하지 않는다. 왜냐하면 어떤 속성에 기초한 평등을 실현하면 반드시 다른 불평등을 초래하고 말기 때문이다. 그야말로 "불평등한 현실만이 평등하게 주어져 있다."(만화 『주술회전』*의 명대사.) 정기 수입은 있으나 자기 용돈이 적은 교원이, 오버닥터**이긴 하지만 유튜버로 큰돈을 벌고 있는 젊은이보다 두 배 이상 내야 하는 케이스를 생각하면, 그 점은 명백히 보일 것이다.

---

* 『呪術廻戦』. 2018년 3월부터 〈주간소년점프〉에 연재 중.
** overdoctor. 박사과정을 마치고도 자리를 못 잡은 사람.

하지만 어떤 속성을 갖다 대야 평등이라는 관점에서 보아 올바른가, 복수의 속성을 비교해 어느 것이 더 평등도가 높은 것인가, 하는 논의를 해봐도 딱히 답이 나오지 않는다. 한 개인 자체에 이미 복수의 속성에 관계된 특징이 갖춰져 있으며, 더욱이 그 양태와 정도는 사람마다 다르기 때문이다.

"노인에게 자리를 양보하세요"라는 말이 당연하게 들리는 것은, 나이라는 속성에 주목해 일반적으로 고령일수록 몸이 약하다고 생각하기 때문이다. 하지만, 돈이 없어 하루 식사를 컵라면이나 단 빵*으로 때우고 더구나 겹치기 아르바이트로 영양실조와 과로에 비틀비틀하는 20세·대학생과, 83세지만 매일 고급 프랑스 요리를 왕성히 먹고 매일 조깅을 하고 저축한 돈이 많아 국내외의 산을 등산 다니는 사람이 같은 차량에 탔을 때, "노인에게 자리를 양보하세요."라는 지시를 가장 앞세울 의미가 있을까?

2019년 봄, 당시 89세의 드라이버가 운전 실수로 사고를 일으켜 아무 잘못도 없는 모자를 치어 죽이고 많은 부상자를 냈다. 명백한 과실운전치사상해죄 용의자인데, 무슨 영문인지 10개월이나 기소되지 않았다. 보통은 곧바로 기소돼야 하건만, 이유는

---

* 菓子パン(카시판). 단맛을 내거나, 속에 팥·슈크림·잼 등을 넣어 만든 빵.

"고령자라서 건강상태를 고려하고, 도주와 증거인멸의 우려가 없기 때문"이라는 것이었다. (수사에 시간이 걸렸다는 말도 했지만.) 이 연령 속성을 사용하는 건 논리적으로 맞지 않다. 달리는 흉기로 불리는 자동차의 운전면허를 받은 사람이 사고를 일으켜 사람을 사상(死傷)하면, 남녀노소를 불문하고 누구나 똑같이 기소되어 처벌받는 것은 다들 양해하고 있을 터다. 드라이버라면 모두가 평등하게 져야 할 책임을 '고령자=약하다=도망가지 않는다'는 속성을 우선하여 장시간 유예했던 것은 논리상 이해가 안 간다.

민주주의 사회에서는 '1인 1표'라는 궁극의 평등이 있는데, 이는 이견 없이 옳은 것으로 간주되고 있는 듯하다. 그러나 사람의 다양한 속성을 생각하면, 국가나 단체의 의사결정 때 사람들 각각의 공헌도와 지식 정도 등에 기초해 결정권 분배를 해도 평등하다고 말할 수 있지 않을까? 주주총회에서는 주식을 많이 갖고 있는 사람일수록 의결권이 큰 게 당연하다고 본다. 따라서 세금을 많이 납부하는 사람일수록, 그에 따른 복수의 표를 갖는 제도도 충분히 있을 수 있다.

한편, '1인 1표'도 또 다른 관점에 서면 불평등해 보인다. 무엇 때문에 '18세 이상'이라는 속성이 사용되는지, 17세 이하면 왜 안 되는지에 대한 이유를 알 수 없는 까닭이다. 매일 신문을 열독하며 뉴스를 체크하고 이 나라와 세계가 어떻게 흘러갈지 진지하게 생각하는 15세와, 신문을 보더라도 스포츠 신문밖에 보지 않으면서 야구시합 결과와 변태 기사와 예능인의 불륜 외에 흥미가 없는 45세 중 어느 쪽이 던지는 한 표가 진지할까?

좌우간, 어떤 속성에 근거한 평등일지라도 다른 속성에서 보면 불평등할 수밖에 없고, 복수의 속성을 고려했다 해도 그 우선순위와 비중의 배치에 따라 가일층의 불평등이 생긴다. 그런 이유에서, 평등이라는 가치의 추구를 그만두는 게 좋지 않겠는가, 말하는 사람이 나와도 뜬금없지 않다. 또, 확실히 그런 주장도 존재한다. 하지만 그렇게 되지는 않는다. 왜냐하면 사람은 누구나 자신이 이유 없이 타인보다 불리한 취급을 받으면 "불평등하다!"며 분노하기 때문이다. 이 분노의 감정은 무시할 수 없다. 완벽한 평등의 실현이 불가능할지라도, 사회를 살아가는 사람들은 어떤 점에서 '불평등'을 인지하고 그것의 시정을 요구한다. 그런 감정이 있는 한, 평등이라는 가치의 추구에는 나름의 의미가 있을 것이다.

우선 먼저, 평등을 '부당하게 타인보다 나쁜 취급을 받고 싶지 않은 감정'으로 파악해보자.

드워킨 — 평등하게 존중받을 것에 대한 권리

사람은 누구든 자신이 타인보다 낮게 취급당하는 것을 무엇보다 싫어한다—이 감정을 중시하는 면에서, 평등에 대해 철저히 생각하고 논쟁을 활성화시킨 법철학자가 있다. 미국의 로널드 드워킨(Ronald Myles Dwarkin: 1931~2013)이다. 뉴욕에서 변호사로 활동한 뒤 예일대학과 옥스퍼드대학, 뉴욕대학, 런던대학에서 교수로서 교편을 잡았다. 영국학사원(British Academy)의 펠로우와 미국예술과학아카데미(American Academy of Arts and Sciences)의 회원을 역임했다. 화려한 경력을 가진 사람이다.

드워킨은 롤즈(제3장 참조)가 말하는 원초(原初)상태, 즉 사람들이 제로 상태에서 정치사회를 만드는 출발점에 대해 롤즈보다 더 평등을 우선적으로 생각하는 해석을 제시한다. 가로되, 원초상태의 기초에는 자연적이고 추상적인 권리가 있는바, 그것은 ① 기본적 자유(사상·신앙, 언론·집회·결사 등)에 대한 권리와 ② "누구나 평등하게 배려되고 존중받을 것을 요구할 권리"다.

그러나 원초상태의 사람들은 특정 계급의 멤버나 특정 사상, 능력을 가진 사람들을 그 이외의 사람들 이상으로 배려하고 존중하는 사회를 결코 원하지 않을 것이다. 그런 이유로, 그 사람들은 무엇보다 앞에서 말한 두 가지 권리 중 ②가 반드시 배려되는 정치기구를 만들려 할 거라고 말한다. 그리고 드워킨은 이렇게 서술한다. "평등하게 존중받을 것에 대한 권리는 원초상태에의 참가가 허용되기 위한 조건이다." 어떤 사회건 자유권도 물론 중요하지만, 그보다 우선되어야 할 것은 정부가 사람들을 평등하게 배려하고 존중해야 한다는 것이다.

정부가 사람들에게 해야 할 배려란 사람들이 고통이나 좌절을 느끼지 않도록 취급하는 것, 존중이란 사람들이 스스로 선택한 삶의 방식을 관철하도록 하는 것이다. 드워킨이 강조하는 바는, 정부는 사람들이 소득의 고저, 성별·인종의 차이, 기능이나 심신장애의 유무·정도 등의 사정으로 인해 타인보다 열등한 취급을 당한다고 느껴 괴로워하지 않도록 해야 한다는 것이다. 드워킨이 앞에서 언급한, "부당하게 타인보다 나쁜 취급을 받고 싶지 않은 감정"에 특히 집착하고 있는 의미를 알 수 있을 것이다. 이렇듯 그는 이 감정을 항시 염두에 두면서, 나아가 사람들이 각자의 자유선택에 따라 살아가는 데 필요한 자원 분배의 평등에 대해 생각한다.

자원의 평등 ─ 타인이 가지고 있는 물건을
부럽게 생각하지 않으면 된다

타인보다 자신이 낮게 취급당하는 건 절대로 싫다는 인간 감정은 나아가 타인은 갖고 있는데 자신은 갖지 못한 물건에 대해 "아아, 부럽다. 저거 갖고 싶다~."고 원하는 선망으로 이어진다. 이 기분은 일본인이라면 잘 알 것이다. 1960년대의 고도경제 성장기에는 이른바 '3C'(컬러TV, 자동차, 쿨러[에어컨])를 갖는 것이 전 국민의 꿈이었다. 이것들을 갖고 있지 않다고 해서 인간으로서 열등할 이유는 전혀 없지만, "옆집, 컬러TV 샀대요. 우리 집은 아직 흑백인데 창피해요, 여보."라든가 "○○군네 집에 갔는데 쿨러가 있어서 되게 시원했어요. 좋겠다. 우리 집에도 있으면 공부 더 잘 될 텐데~ 네? 아빠." 하고 가족이 졸라대니, 보너스를 받자마자 곧바로 전자제품 판매점으로 달려가는 사람들이 많았다.

요즘에도 사정은 마찬가지다. 신형 스마트폰이 발매될 때마다 새로 사서 바꾼다. 지금 것도 아직 쓸 만한데도 말이다. 가라케*

---

* '갈라파고스 스마트폰'의 준말. 일본 독자 기술의 휴대전화에 스마트폰 기능을 접목시킨 것이다.

도 쓸 수 있건만 "왠지 시대에 뒤처진 것 같아 싫다."며 무리하게 스마트폰으로 갈아탄다. 하지만 이런저런 기능은 다 쓰지도 못하고 월정 요금은 비싸고…… 그런 이유로 결국 가라케로 돌아가는 형편이다.

드워킨의 평등론에서 재미있는 것은, 정부가 국민에게 자원을 평등하게 분배해야 한다고 할 때 이처럼 "타인이 갖고 있는 물건이 부럽다."는 기분도 고려해야 한다는 것이다. 그래서 그는 진정한 자원 평등을 실현하기 위한 방법으로 다음과 같은 공상을 펼쳐 보인다.

난파선의 다수 생존자가 자원이 풍부한 무인도에 표착했다. 이제부터 당분간은 모두 이 섬에서 생활하지 않으면 안 된다. 그래서 그들은 여러 자원(야자나무, 물고기가 있는 바위밭, 작물을 채집할 수 있는 토지 등)을 평등하게 분할하기로 했다. 자, 어떻게 할까?

그들은 먼저 전원이 화폐 대용으로 조개껍질을 똑같이 나눠 가진다. 그리고 우선 자신이 입수할 수 있는 자원을 지체 없이 소유한다. 모두가 자원 꾸러미를 소유했다면, 이번에는 그것들을 경매에 건다. 그리고 모두의 자원을 일단 판다.

그러나 여기서 끝이 아니다. 앞서 구입한 자원이 필요 없어지거나 더 갖고 싶은 물건이 나온 등의 이유로 다시 팔거나 사는 사람들이 나온다. 이렇게 경매가 계속되고 그 긴 과정 끝에 전원 모두가 "자신이 갖고 있는 여러 자원 꾸러미보다 다른 누군가가 가진 자원 꾸러미가 부럽게 생각되지 않는 상태"에 이른다. 이것이야말로 자원의 평등 상태다, 라고.

트레이딩 카드[*]를 연상해보면 알기 쉬울 것이다. 스포츠 선수, 애니메이션, 아이돌 등을 소재로 한 수백 종류의 카드를 만들고, 그중 복수의 카드를 안이 보이지 않는 봉지에 밀봉하여 팩으로 판매한다. 애호가는 일단 팩을 구입하고 그 후 각인은 자신의 수집 목적에 따라 자신이 소지한 카드를 다른 사람들과 거래한다. 그래서 목적이 달성되면 이제 다른 사람의 컬렉션을 부러워하지 않게 된다.

드워킨이 말하고자 하는 바는 이렇다. 개인은 어떻게 살아가는가에 따라 각기 다른 가치관과 기호를 가지고 있다. 어떤 사람은 많은 식료와 집을 구하기 위해 아침부터 저녁까지 노동하는 삶을 선호하고, 다른 사람은 하루 종일 그림을 그리거나 노래하거나 좋아하는 일을 하면서 살고 싶어 한다. 이렇듯 생활방식의 차이에 따라 필요한 자원이 사람마다 다르다. 각인에게 필요한 자원은 시장 거래를 통해 최종 획득하여 "타인의 소유물

---

[*] trading card. 각각 다른 다양한 종류의 교환 및 수집을 의도하고, 판매·배포되는 것을 전제로 만들어진 감상용 게임 카드.

을 부러워하지 않게 될" 때까지 경매하면 진정한 평등이 실현
된다는 것이다.

본인이 만족하면 그것으로 족하다? — '후생의 평등'이면 된다?

타인의 소유물을 부러워하지 않게 되었을 때 자원 분할의 평등
이 달성된다. 이건 이것대로 평등의 한 측면을 나타내는 견해지
만, 그러나 드워킨의 사고는 거기서 끝나지 않는다.

세상에는 타인이 무엇을 가지고 있는가를 강렬히 의식하는 사
람과, 그런 마음은 전혀 없고 자신의 현재 소지물에 만족하는
사람이 있다. 게다가 취미 기호는 사람마다 제각각이므로, 한없
이 많은 브랜드 제품을 필요로 하는 사람도 있지만 100엔샵에
서 산 평범한 굿즈에 만족하는 사람도 있다. 속된 말로 "가난한
혀"라는 표현이 있다. 음식에 관해 저렴한 것으로도 충분하고 무
엇을 먹어도 맛있다고 느끼는 타입의 사람을 가리킨다. 이런 사
람은 음식에 많은 돈을 들이지 않고, 뭐든 맛있게 먹을 수 있으
니 운 좋은 사람이다. 가령 친구가 "세상에서 제일가는 고베규*

---

* 神戸牛. 고베 소고기.

디너 코스를 10만 엔에 먹었다."고 자랑해도 1밀리도 부럽지가 않다. "이 세상에서 이게 제일 맛있어~." 근육맨* 흉내를 내며 규동을 한 그릇 쓱싹 비워도 충분히 행복하다. 고가의 식사를 대접받아도 오히려 달갑지가 않다.

사람이 재물의 소비로 얻는 만족을 경제학적으로는 '후생'이라 한다. 앞의 '자원의 평등'이라는 논의는, 자칫 잘못 알면 각인이 각자의 기호대로 행복을 느끼면 그것으로 족하다, 즉 후생이 모든 사람에게 실현돼 있으면 평등한 것이다, 라고 오해할 우려가 있다. 하지만 이렇게 되면 어떨까? 고가의 식사가 아니면 만족하지 못하는 미식가에게는 점심 식사비로 1만 엔을 지급하지만 '가난한 혀'의 사람에겐 "본인이 그걸로 만족하니 괜찮아." 하며 500엔밖에 지급하지 않는다면? 그래도 괜찮을까?

페리뇽 교수와 츄하이 교수 ― 평등하게 취급되려면?

당신이 어떤 강연회의 기획책임자고, 강연자로 멀리서 두 명의

---

* 『근육맨(キン肉マン)』은 〈주간소년점프〉에서 1979년 5월부터 1987년 5월까지 연재된 일본 만화다. 주인공인 근육맨이 규동(소고기덮밥)을 좋아하여 일본에서 규동 열풍이 불기도 했다.

대학 교수를 초빙했다. 강연회가 무사히 끝나 당신은 이 두 사람에게 감사의 마음을 평등하게 나타내기 위해 두 사람이 머물고 있는 호텔 방(물론 같은 등급)에 두 사람이 좋아할 만한 음식물을 배달시키려고 한다. 이 두 교수를 소개하자면, 한 사람은 프랑스 귀족 혈통인 오이즈미 크리스텔(大泉クリステル)* 교수고 또 한 사람은 국산인 스미요시 마사미(住吉雅美)** 교수다.

물론 사전에 두 사람이 원하는 시간과 최상의 즐거움을 느낄 수 있는 음식물에 대해 앙케트를 실시했다. 장관의 아내이기도 한 크리스텔 교수는 동 페리뇽이라는 한 병에 5만 엔이나 하는 샴페인을 마시며, 카스피해 산 50그램에 5만 엔인 캐비어를 섹시하게 먹을 때 최상의 즐거움을 느낀다고 한다. 한편, 강의 후 서서술집에서 원샷을 즐기는 독신 스미요시 교수는 "내 피

---

* 이 책을 읽은 일본 독자들의 서평 중에는 '오이즈미 크리스텔'이라는 가공인물의 이름을 보고 폭소를 터뜨렸다는 얘기가 있다. 한국 독자들에게는 낯설지만, 일본의 아나운서 출신 방송인인 다키가와 크리스텔(滝川クリステル)을 빗대어 작명한 것이다(결혼 후 이름 고이즈미 크리스텔. 고이즈미의 한자는 小泉). 다키가와 크리스텔은 아버지가 프랑스인이고, 어머니가 일본인이다. 그녀는 2013년 아르헨티나에서 일본의 2020년 하계올림픽 개최지 선정을 위한 프리젠테이션을 진행했다. 2019년 고이즈미 준이치로 전 일본 총리의 차남이자 현직 의원인 고이즈미 신지로와 결혼할 것과 임신 사실을 발표했다. 이는 수상 관저에서 아베 신조 수상과 스가 요시히데 관방장관에게 결혼을 보고한 후 취재진의 취재에 응하면서 했던 발표다. 2020년 남아를 출산했다.(일본 위키피디아 참조)
** 저자 본인.

는 캔 츄하이[*]로 만들어진다."고 말씀하시며 500밀리 캔 하나당 192엔짜리인 츄하이를 한입에 털어넣으시고 한 봉지에 100엔 하는 가키노타네[**]를 맘껏 드실 때가 가장 행복하다고 답했다. 너무나 낙차가 큰 것에 몸이 부르르 떨린 당신은 스미요시 교수에게 "동 페리뇽이 아니어도 괜찮겠습니까?" 하고 물었지만 그녀는 "뭐야, 그게? 돈 킹의 후계자냐? 아니면 돈 프라이(Don Frye, 우락부락한 미국의 프로레슬러)의 자식이냐?" 하며, '츄하이 뇌'랄까 뭐랄까, 아무튼 전혀 흥미가 없는 것 같다.

그런데 이 두 사람을 평등하게 '오(お)·모(も)·테(て)·나(な)·시(し)[***]하여 즐겁게 해주기 위해서는, 당신이라면 어떻게 하겠는가?

만일 '후생의 평등'만을 실현하고자 하면 당신은 두 사람이 똑같은 정도의 '최상의 행복'을 느낄 수 있도록, 크리스텔 교수에게는 동 페리뇽과 캐비어(총액 10만 엔+세금)를, 스미요시 교수에게는 츄하이 500밀리와 가키노타네(총액 292엔+세금)를 주문해 주

---

[*]   츄하이는 소주나 보드카를 과즙 혹은 탄산수로 희석해 달달하게 마시는 술이다.
[**] 柿の種. 쌀과자의 일종.
[***] '오·모·테·나·시(お持て成し)는 '대접' '환대'를 뜻하는 말로, 2013년 9월 아르헨티나 부에노스아이레스에서 개최된 IOC 총회에서, 손님에 대한 일본인의 환대를 표현하는 단어로 소개되었다. 다키가와 크리스텔이 손동작을 섞어가며 한 음 한 음 끊어서 말했는데, 일본의 올림픽 유치 성공에 기여한 단어로 화제가 되었다.

어야 한다. 이로써 두 사람은 똑같은 정도의 즐거움을 느낀다. 그러나 한쪽에게는 10만 엔을, 다른 쪽에는 300엔을 넣어준 것이니, 이 금액의 격차를 그대로 놔둬도 괜찮을까?

만일 당신이 정부라고 하면, 이 경우 두 교수를 세금으로 대접하는 것인데, 이 두 사람이 똑같은 정도의 세금을 납부하고 있다면 그 대부분을 크리스텔 교수에 대한 서비스로 충당하는 셈이된다. 이는 결과적으로 스미요시 교수를 크리스텔 교수보다 낮게 취급하는 것이므로 드워킨의 관점에서 보면 평등에 반한다.

드워킨 식으로 말하면 본인이 즐거워한다는 '후생의 평등'만으로는 안 되며, 객관적으로 보아 부당하게 한 편을 다른 편에 비해 낮게 취급하는 것이어서는 안 된다. 그렇다면 구체적으로 어떻게 해야 두 사람을 동등하게 대우하게 되는 것일까? 그에 대해서는 여러분이 각자 생각해보기 바란다. (스미요시 교수에게 10만 엔어치 츄하이와 가키노타네를 배달해 준다? 아무리 좋아해도 설마 그렇게나 먹을까!)

어퍼머티브 액션과 평등

드워킨의 자원 평등에 대한 사고는 매우 강해서, 그 추구(追求)

의 손은 사람들의 인생 기회까지도 닿는다.

제3장에서 언급했듯이 미국에서는 1950년대부터 인종차별 철폐를 요구하는 공민권운동이 활성화되었다. 그러자 이에 응하는 형태로 1961년 케네디 대통령이 정부 고용 또는 정부와 업무 관계가 있는 기업에 대해 고용에서 차별이 있어서는 안 된다는 행정명령을 내렸다. 그 정책은 이윽고 고용기회균등법에 의해 법적으로 확립되었고, 이리하여 어퍼머티브 액션(적극적 차별 시정조치)이 다인종 국가인 미국에 정착했다. (오늘날에는 유럽에도, 일본에도 있다.)

어퍼머티브 액션(Affirmative Action. 이하 AA로 약칭한다)이란 역사적으로 차별받아온 집단(인종·민족적 마이너리티, 여성, 장애자)에 대해 차별이 초래하는 폐해를 제거하고, 고용과 교육 등의 기본적 권리에 대한 기회균등을 실질적으로 달성하기 위해 취하는 적극적인 시책을 가리킨다. 적극적이라 함은, 단순한 차별 금지의 틀을 넘어 고용과 고등교육기관(대학과 대학원)에의 입학 등에서, 차별받아온 집단의 사람들을 우선적으로 대우함을 말한다.

그렇다면 이 AA는 대학이나 대학원의 입학에서 어떻게 이뤄지고 있을까? 미국에서 수용하고 있는 온건한 조치 중 하나는, 입학시험의 합격점 라인에서 우대조치 대상 집단의 수험생과 비대상 집단의 수험생이 나란히 있을 경우 전자를 우선하는 방식이다. 그러나 문제 있는 조치도 있다. 예를 들어 플러스 요소 방식(우대조치의 대상이 되는 집단에 대해 일률적으로 가산점을 준다), 쿼터제(합격자 정원의 일정 비율을 피차별 집단이나 인종적 마이너리티에게 할당한다) 등에 대하여는 비판이 많아서 자주 재판이 벌어지기도 한다. 본래 합격은 입학시험의 득점만으로 정해져야 하는데, 미리 특정 집단에 속한 수험생을 유리하게 대우하는 건 '법 아래 평등'에 반하지 않느냐는 것이다.

평등을 위해서라면 역차별도 있다?

이미 서술했듯, 드워킨은 누구나 자신의 인생을 자유로운 선택에 따라 자율적으로 살아야 하며, 그를 위한 자원은 평등하게 분배되어야 한다고 생각한다. 그런 그에게 AA는 상식 중의 상식, 너무나 당연한 시책이다. 따라서 그도 AA를 적극적으로 지지하는데, 때로는 지나치게 적극적이어서 앞에서 말한 '문제 있는 조치'에도 개입하여 논의를 한다. 그것은 실제로 일어난 입시 사건 '데푸니스 사건'에 대한 논평이다.

워싱턴대학 로스쿨의 입학시험은 머조리티(백인) 대상의 일반 입시와 마이너리티(흑인, 네이티브 아메리칸) 대상의 특별입시로 나뉘어 있었다. 머조리티 대상의 시험은 2단계 선발로 되어 있는데 제1단계 적성시험 등의 득점이 일정 수준에 달하지 못하면 '탈락'되고, 그것을 통과한 사람은 제2단계의 사정을 받는다. 한편 마이너리티 대상의 입시에는 애초에 '탈락'이 없고, 수험생은 흑인 법학교수와 흑인 학생 지원 경험이 있는 백인 교수로 구성된 위원회에서 사정받는다.

그 같은 로스쿨에 데푸니스(DeFunis)라는 머조리티 수험생이 지원했다. 제1단계를 거치고 그는 칼리지 성적과 적성시험의 득점이 당연히 합격권 안이라는 자신을 갖고 스쿨에 원서를 제출하러 갔다. 그런데 문전에서 거절당했다. 그러자 데푸니스는 마이너리티 수험생을 유리하게 대우하는 특별시험 때문에 머조리티인 자신의 합격이 저지되었으며 이 같은 선발방식은 개인의 권리침해로서 위헌이라 하여 소송을 제기했다.

재판의 향방이 주목되었지만, 하급심이 데푸니스에게 유리한 판결을 내리자 그 결과 데푸니스는 로스쿨에 입학할 수 있었고, 그렇게 소송의 실익이 사라지자 재판은 끝나버렸다. 그러나 사법 측에는 데푸니스의 청구를 지지하는 의견이 드문드문 있었다.

그럼, 이 사건에 대해 드워킨은 어떻게 반응했을까? 개인의 권리를 강하게 옹호하는 그이기에, 아마도 데푸니스를 편들었을 게 틀림없다고 생각하는 분들이 많을 것이다. 그런데 놀랍게도 정반대로, 그는 "데푸니스는 로스쿨 입학을 요구할 헌법상 권리를 가지지 않았다."고 썼다. 그 이유는 무엇인가?

드워킨이 서술한 바는 이렇다. 시민이 가져야 할 진정한 권리란 "평등한 사람으로서 취급될 것에 대한 권리"다. 예컨대 나에게 두 명의 자식이 있고 그중 한 아이가 병에 걸렸다고 하자. 그런데 약이 한 봉지밖에 없다. 그럴 때 아이들을 평등하게 취급한다는 것은 어떤 것일까? 어느 쪽에 약을 투여할지 동전을 던져 정할 일은 아니다. 당연히 병에 걸린 아이에게 우선적으로 투여해야 맞다. 즉, 현실적으로 사회에서 고통받고 있는 시민이 그렇지 않은 시민보다 우선적으로 지원받는 것이 진짜 평등하게 취급되는 것이다.

데푸니스도 시민 중 한 사람이기에 당연히 이 같은 권리를 갖는다. 그렇지만 어떠한 선발방법도 어떤 종류의 수험자를 불리한 상황에 둘 수밖에 없다. 그런 고로 "그러한 선발방법에 의해 얻게 되는 사회의 총체적 이익이, 불리해진 사람들의 손실을 상회한다고 합리적으로 기대되는 때에는 불리해진 출원자의 권리가 무시되는 경우도 있다."

데푸니스가 불만을 갖는 마이너리티 우대조치는, 데푸니스와 같은 머조리티 수험자의 손실을 계산에 넣더라도, 총체적으로 사회를 이롭게 한다고 합리적으로 상정할 수 있다. 왜냐하면 만일 흑인 법조인이 증가하면 그들은 흑인사회에 대해 더 좋은 법적 봉사를 하고 그 결과 미국 사회의 긴장이 완화되는 방향으로 이어질 수 있기 때문이다. 또한 로스쿨의 수업에서도 더 많은 흑인 학생이 토론에 참가하면 머조리티를 포함한 전 학생에게 법학 교육의 질이 향상되는 점도 생각할 수 있다. 이리하여 법조계의 지적 수준도 향상하고, 결과적으로 사회의 평등 실현으로 이어질 것이다, 라고.

드워킨이 말하고자 하는 바는 이렇다. "평등한 사람으로서 처우받을 권리"가 실현되어야 할 사람들은 두 자식의 예에서는 병든 아이, 즉 이 사회에서 오래도록 차별받아온 마이너리티이며, 그런 사람들이야말로 우선적으로 법조 교육을 받아야 한다. 물론 데푸니스에게도 같은 권리가 있지만, 그는 머조리티에 속하는, 말하자면 건강한 아이기 때문에 권리 요구에 대해서는 미안하지만 지금은 마이너리티에게 양보하라는 것이다. 더욱이 입시에서 지적 심사의 결과를 일부 무시하고서라도 마이너리티 학생을 늘리면, 머조리티에게만 식견이 편향돼 있던 로스쿨의 수업에 새로운 시점이 부여되어 그 질을 향상시킬 것이며, 그 결과 마이너리티 변호사나 재판관이 증가하면 차별로 말미암은 미국 사회의 긴장과 문제들을 해결하는 데 큰 도움이 된다. 표현이 험하긴 하지만, 안 그래도 지천으로 깔려 있는 머조리티 법조인을 한 사람 더 늘리기보다는 마이너리티 법조인을 더 늘리는 편이 진정한 평등 실현이라는 사회적 이익의 실현에 공헌하게 될 것이다.

이 같은 드워킨의 견해에 대해서는 아마 독자 여러분 사이에도 찬반양론이랄까, 이견이 있을 것이다. 인종이라는 특질로 개인을 불리하게 취급하는 건 비록 대상이 머조리티일지라도 용인되어선 안 되는 거 아닐까? 의문이 솟구칠지도 모르겠다. 하지만 평등을 "각인을 일률적으로 똑같이 취급하는 것"이 아니라 "각인을 대등한 사람으로서 취급하는 것"으로 파악하면, 드워킨이 논의한 의미도 이해할 수 있다. 이렇게까지 우악스럽게 처치하지 않으면, 차별과 격차가 언제까지고 없어지지 않을지도 모른다. "평등한 사람으로서 처우받을 것에 대한 권리"의 의미를 새롭게 생각해보면 어떨까?

단, 다짐해두기 위해 부언하거니와, 이 견해는 일본의 의과대학에서 벌어지고 있는 "입시 뒷전에서 속닥속닥 합격자 조작"을 정당화하는 게 절대로 아니라고요!

자원이 아니라 잠재능력의 평등이다 ― 센

롤즈, 그리고 이 장에서 거론한 드워킨은 둘 다 개인의 자유롭고 자율적인 삶의 방식을 떠받치는 재(財)와 자원의 평등한 분배라는 것에 관심을 집중시키고 있었다. 그런데 이 같은 평등론에 이의를 제기한 사람이 있다. 1998년에 노벨 경제학상을 수상한 아마르티아 센(Amartya Kumar Sen: 1933-)이다. 참고로, 아마르티아라는 이름은 '영원히 사는 자'라는 의미로, 타고르(Rabindranath Tagorre: 1861-1941)가 지어주었다고 한다. 인도 출신으로, 왜 대기근이 일어나는가를 연구하기 위해 경제학 연구의 길로 들어섰다. 케임브리지대학 트리니티 칼리지에서 박사 학위를 취득하고 현재는 하버드대학 교수로 있다.

센의 평등론은 롤즈가 주창하는 기본재의 평등에 대한 비판에서 시작한다. 센에 따르면 롤즈의 논의에는 문제가 있다. 그것은 기본재(권리·자유·기회·소득·부·자존심 등 사람들이 자신의 가치관을 추구하기 위해 소용되는 재와 자원)를 얼마큼 가지고 있는가로 자유와 평등을 측정하고 있는 점이다. 그러나 그런 재들을 충분히 가지고 있어도 실제로 그것을 활용할 수 없는 사람이 다수 존재한다. 비장애인이라면 그것들을 용이하게 구사하여 자신의 인생에 활용할 수 있지만, 어떤 장애가 있는 사람은 권리를 갖고 있어도 행사할 수 없거나, 그 이전에 자유롭게 이동할 수 없거나, 자력으로 영양을 흡수할 수 없는 등등 때문이다. 즉, 사람들의 다양성은 선천적인 것임에 더하여, 기본재를 사용하는 능력과 사회적 처지에서도 기인한다. 그러므로 요구해야 할 것은 소지물의 평등이 아니라 '잠재능력'의 자유인 것이다, 라고.

잠재능력이란 어떤 상태가 되거나 무엇을 하거나 할 때의 '기능'의 조합, 즉 살아가기 위한 능력이다. 예를 들어 "읽고 쓰기를 할 수 있다" "커뮤니티에 참가할 수 있다" "자신을 자랑스럽게 생각한다" "교육을 받고 있다" "부당하게 요절하지 않는다" 등, 선진국에서 통상적인 생활을 영위하고 있는 사람들이라면 당연히 할 수 있는 것들이다. 그러나 이것들이 당연한 것은 그럴 수 있는 심신과 사회적 형편이 있기 때문이며, 어떤 장애를 가진 사람, 또는 개발도상국이나 기근·전란 등으로 황폐해진 지역에 사는 사람들에게는 그것이 꼭 가능한 것은 아니다. 또한 롤즈가 말하듯이 개인이 자신의 선한 삶을 자유롭게 추구할 수 있기 위해서는 그 전제로 기근이나 전염병 등을 제거하는 정책이 또바기 시행되어야 하는데, 이것들은 개인이 컨트롤할 수 있는 것이 아닌 까닭이다.

센은 각인의 다양성에 착안하여, 어떤 사람이라도 자신의 가치 있는 삶을 선택하는 자유를 행사할 수 있기 위한 잠재능력을 평등하게 가져야 한다고 주장한다. 따라서 자력으로 이동할 수 없는 사람에게는 이동할 수 있기 위한 지원이, 자력으로 영양을 흡수할 수 없는 사람에게는 그것이 가능해지도록 하는 도움이, 읽고 쓰기를 할 수 없는 사람에게는 교육이 필요하다. 그는 이렇게 누구나 권리와 자유와 재를 실제로 활용할 수 있게 될 것을 요구한다. 그런 의미에서, 난치병인 ALS* 환자가 참의원이 되어 컴퓨터 음성과 비서의 대독 등을 통해 자신의 정치적 주장을 할 수 있는 경우**는 센의 주장에 들어맞는 것이다.

생각해보면, 롤즈와 드워킨의 자원 평등론은 선진국의 비장애인를 염두에 두고 논의되었다고 할 수 있다. 신체가 부자유스런 사람, 개발도상국에서 기아에 고통받고 병에 걸리고 전화(戰火)에 겹질린 사람들의 처지에 대해서는 그다지 배려되어 있지 않았다. 센의 공적은 그 같은 사람들에게 눈을 돌려, 롤즈의 정의론을 목적 달성 능력과 사회적 환경의 차이로 말미암아 생기는 불평등에도 대응할 수 있게 하려고 했던 점에 있을 것이다.

센의 발상은 UN에도 영향을 미쳤다. 현재 국력을 나타내는 새로운 기준으로서 '인간개발지수'라는 것이 채용되어 있는데, 이는 센의 철학의 산물이다. 이 지수는 국가의 풍요로움을 국민총생산에 의해서가 아니라 그 나라 국민의 평균수명, 교육(취

---

* Amyotrophic Lateral Sclerosis. 근위축측색경화증, 운동신경세포가 선택적으로 변성·소실되어 심각한 근위축과 근력 저하가 진행되는 원인 불명의 질환. 미국 메이저리그 선수 루 게릭이 앓았던 데서 루게릭병이라는 별칭이 붙었다.
** 후나고 야스히코(舩後靖彦)는 ALS 환자인데, 2019년 레이와신센구미(れいわ新選組) 소속 비례대표로 참의원에 당선되었다.

학예측연수와 평균취학연수), 일인당 국민소득의 총체로 측정하는 것이다.

그런데 센은 누구에게나 필요한 잠재능력으로서 더 나아가 "남 앞에서 부끄러워하지 않고 말할 수 있는 것" "사랑하는 사람 곁에 있을 수 있는 것"도 들고 있다. 하지만 나에게는 유감스럽게도 "사랑하는 사람 곁에 있을 수 있는" 능력은 없는 것 같다. 나에게도, 결여된 잠재능력을 지원해주길 바란다.

만인이 볼 수 있도록 안구는 한 사람에게 하나만

"사랑하는 사람 곁에 있을 수 있는" 능력이 필요하대서 정부에게 "그러니 나에게 파트너를 붙여달라!"고 요구할 수는 없다. 고대 그리스의 희극작가 아리스토파네스(Aristophanes)의 『여인들의 민회*Ekklēsiazousai, Assemblywomen*』에, 젊은 미남이 젊은 미녀하고만 짝 짓고 나이든 못생긴 여자와 맺지 못하는 것은 불평등하다 하여, "이제부터 젊은 미남은 노파와 교제해야 한다."는 법안이 성립했다는 이야기가 있다. 필요에 따라 자원을 제공하라는 평등론을 취한 것으로, 정말이지 1밀리도 좋아하지 않는 상대와 교제하도록 미남에게 강제할 순 없을 것이다. 사랑받는다/사랑한다는 것은 개인의 자유선택이며 기호의 문제다.

그런데 센이 말하는 잠재능력이란 개인이 자유로운 선택을 하여 자율적으로 살아갈 수 있기 위한 전제조건으로 필요한 기능의 집합체다. "사랑하는 사람의 곁에 있을 수 있는 것"도 예컨대 서로 사랑하는 부부나 연인이 정치적인 이유 등으로 강제로 뿔뿔이 흩어져서는 안 된다는 것이리라. 그렇다면 자신이 원하는 삶을 살기 위해 필요불가결한 능력의 한도는 어디까지일까? 이 장의 마지막에서는, 사람이 가지고 있는 '~여야 하기' 때문에 평등하게 되어야 하는 능력과 그렇지 않은 능력의 구별에 대해 생각해보기로 한다.

요구되는 신체 기능 중에는 '본다'는 것도 포함되겠다. 그래서 이런 평등 분배가 요구된다고 하면 어떨까?

선천적인 맹인, 혹은 원래는 볼 수 있었으나 어떤 병이나 사고로 인해 맹인이 된 사람은 사람에게 마땅히 있어야 할 기능을 쓰지 못해 불편하다. 그런데 최근 의료 기술의 발달로 안구 이식수술을 통해 눈으로 볼 수 있게 되었다. 건강한 안구가 하나만 있으면 볼 수 있게 된 것이다. 그렇다면 사회의 모든 사람이 능력을 나눠 가지면 어떨까? 두 개의 안구로 사물을 보고 있는 사람들로부터 안구 하나를 빼내어 맹인에게 이식하자는 아이디어는 어떨까? 두 개의 안구로 보고 있던 사람들은 한쪽 눈이 제거되면 지금보다 시야가 좁아지고 흐릿해져 사물이 잘 보이지 않겠지만, 그래도 아직은 볼 수 있다. 하지만 그런 만큼 아무것도 볼 수 없었던 사람들이 마찬가지로 흐릿해도 사물을 볼 수 있게 된다. 태어날 때부터 아무것도 볼 수 없었던 사람들에게 사물을 볼 수 있는 능력이 주어지다니 얼마나 멋진 일인가! 사회의 모든 사람들이 '보는' 능력을 나눠 갖다니! 이런 이유에서, 양쪽 눈으로 보는 사람들로부터 억지로 한쪽 눈을 빼내 맹인들에게 이식하는 평등화 정책을 강행했다고 하면?

이는 제6장에서도 거론한 평등주의의 이상(理想)으로 제시한 예화의 하나다. 물론 '볼 수 있는' 기능이 만인에게 주어지는 것은 잠재능력의 평등화라는 취지에 적합하다. 하지만…… 솔직히 한쪽 눈을 억지로 빼내야 하는 측에서는 끔찍이 싫다. 게다가 그렇게까지 해서 선천적으로 '볼 수 있는' 기능을 갖지 못한 사람들에게 그 기능을 주는 것이 정말로 바람직할까? 물론 '볼 수 있는' 것은 그렇지 않은 것보다는 편리하다. 하지만 맹인들이 자율적인 개인으로서 자유롭게 살아가기 위해 양쪽 눈으로 보아온 사람들의 기능을 삭감해 만인을 한쪽 눈이 되게 하는 평등화 정책은 과연 필요불가결한 것일까?

"안구는 한 사람에게 하나만"의 평등화 정책보다 '볼 수 없는' 불편함을 보전하는 수단을 모두가 강구하는 편이 좋지 않을까 생각하는데, 여러분은 어떻게 생각하십니까?

슈퍼 의족 — 없던 기능을 장착하다

A는 선천적 장애로 인해 생후 11개월 때 양 다리의 무릎 아래를 절단했다. 그러나 학생 시절부터 스포츠에 힘썼고, 육상경기를 하면 어떻겠느냐는 권유를 받아 럭비에서 전향했다. 타고난 신체능력으로 이미 패럴림픽 단거리 경주에서 메달을 획득했다. 그 후 A는 카본(carbon)제 슈퍼 의족을 장착하고 올림픽에의 출장을 바랐다. 스포츠 중재재판소는 의족의 A가 올림픽에 출장하는 것을 인정하는 재정(裁定)을 내렸다.……

이는 실재했던 선수 이야기다. A는 결국 참가기준기록에 미달하여 목표한 올림픽에 출장할 수 없었지만 같은 대회의 패럴림픽에서 금메달 3관왕을 달성하고, 더욱이 세계육상선수권대회에서 비장애인과 함께 출장하여 준결승까지 올랐다.*

---

* 　남아공의 오스카 피스토리우스(Oscar Pistorius)다. 그는 종아리뼈 없이 태어나 생후 11개월에 두 무릎 아래를 절단하는 대수술을 받았다. 보철 의족을 착용한 채 학창 시절부터 럭비 등의 선수로 활약할 정도로 운동을 즐겼다고 한다. 그 후 육상으로 종목을 전환하여 2004년 아테네 패럴림픽에 출전 200m 금메달, 2008년 베이징 패럴림픽에서는 100 · 200 · 400m 3관왕에 올랐다. 2011년 대구 세계육상선수권 대회에서는 비장애인 선수들과

문제는, 그가 자신의 선천적 다리로 달린 게 아니라 카본제 의족이라는, 추진력이 상당히 높은 이른바 슈퍼 의족을 장착하여 비장애인과 경주하여 준결승까지 올랐던 점에 있다. 만약 그가 선천성 장애를 갖지 않고 자신의 타고난 다리로 달렸다면 그 빛나는 기록을 낼 수 있었을까? ('만약 ~했다면'이라고 말할 수밖에 없다는 건 충분히 인정하지만.) 슈퍼 의족은 그의 본래 능력을 보전(補塡)하는 것이었는가, 아니면 그것을 넘어서는 것이었는가? 비장애인과 경주했을 때 A에게 진 비장애인 러너는 A의 신체능력에 패한 것인가, 아니면 슈퍼 의족에 패한 것일까?

슈퍼 의족에 의한 달리기를 A의 '본래 있어야 마땅할' 능력으로 간주하여 비장애인과 '평등하게' 경주시켜야 좋았을지 아닐지, 여러분은 어떻게 생각합니까?

능력 증강이냐, 능력 평준화냐

그런 드워킨이지만, 그에게는 개인주의자라는 측면도 있어, 사

거뤄 남자 400m 준결승까지 진출했으며, 남자 1600m 계주 예선에 참가해 소속팀이 2위를 함으로써 장애인 선수 최초로 세계선수권대회 은메달을 획득하는 기록을 세웠다.

람은 자기 인생의 성공에 대해 결정을 내릴 권리를 가지고 있고 인류를 장수케 하거나 더 우수하게 개량하거나 하는 야심은 나쁘지 않다는 견해를 가지고 있다. 그래서 이렇게 서술했다. 윤리적 개인주의는 "열심히 인류라는 종을 개선하려고 하는 것, ……이러한 노력을 명(命)한다. 또한 ……명백한 위험의 증거가 없는 한에서는 과학자나 의사가 자진하여 행하는 그러한(인류를 개선하는) 노력에 대해 방해하는 것이 금지된다."(『군주의 덕목: 평등의 이론과 실제Sovereign Virtue: the Theory and Practice of Equality』)

드워킨의 견해는, 인간의 능력 증강(enhancement)이더라도 그 것이 인류 전체를 증강하기 위한 노력이라면 좋은 것이라고 본다. 돈 있는 개인이 자신만의, 혹은 자기 자식만의 능력을 증강하여 다른 사람보다 위에 올라서겠다고 하는 단계에서는 아직 문제가 있을 수도 있다. 하지만 드워킨의 말대로라면, 인류 전체 즉 만인이 평등하게 능력이 증강될 수 있다면 그것은 평등하니까 좋지 않은가, 하는 것으로 파악할 수 있다. 그럼, 누구나가 가능할 수 있게 된다면 인류는 인공적으로 능력 증강을 해도 좋을까?

설사 평등하게 이루어진다고 해도 인공적인 능력 증강은 좀 그래…… 하고 생각하는 분도 적지 않을 것이다. 하지만 걸출한 재능과 자질 덕분에 그런 걸 갖지 못한 범인 위에 섰고 더구나 좋은 생각을 갖고 있는 사람이 있는 것도 왠지 재수 없어, 그러니 잘난 인간들이여, 평범한 사람을 위해 당신의 우수한 점을 지우고 조용히 살아주라! 하고 생각하는 사람들도 있지 않을까? 이른바 악평등이다. 이는 개성과 특질을 무시하고 형식상만의 평등을 요구하는 주장이다. "세 살배기 차남한테 아메보* 두 개 주었다면 마흔다섯 살 가장에게도 당연히 두 개 주어야지."(나카노 요시오, 『영리한 자의 계산—상식적인 너무나 상식적인』**, 1950년)라고 말하는 것과 같다.

이런 세계는 어떨까? 남보다 영리한 사람, 남보다 잘생긴 사람, 남보다 힘이 센 사람도, 날랜 사람도 없다. 하시라도 그런 자들이 나타나지 않도록 정부기관 소속의 에이전트가 감시하고 있기 때문이다. 정부는 지능이 걸출한 자에게는 귀에 잡음이 흐르는 라디오를 장착시켜 사고할 수 없도록 했다. 아름다운 얼굴의 소유자에게는 가면을 씌웠다. 신체능력이 뛰어난 자에게는 납을 넣은 주머니 따위로 무게를 늘려 동작을 둔하게 했다. 정부는 우수한 자에게 이 같은 핸디캡을 씌워 그 능력을 평준에 맞게 내리고, 이래서 선천적인 능력이라는 점에서 차이가 없는 평

---

* 　막대사탕.
** 　中野好夫, 『利巧者の計算—常識的なあまりに常識的な』.

등 사회로 만들었다. 이리하여 마침내 완전 평등사회가 실현되었다! 사람은 모든 의미에서 평등해졌다! 걸출한 능력으로 표준적인 사람들을 지배하는 자는 이제 나타나지 않고, 우수한 능력을 가진 자들이 경쟁하는 일도 없어졌다.

이는 커트 보네거트 주니어(Kurt Vonnegut Jr.: 1922-2007)라는 작가의 단편 「해리슨 버거론(Harrison Bergeron」(1961년)에서 그려진, 사람들의 능력과 자질을 평준화함으로써 실현되는 완전 평등사회의 이미지다. 이런 사회, 당신은 어떻게 생각합니까? 거기서 살고 싶습니까?

제11장

나에겐 '누군가에게 먹힐 자유'가 있다?

— 사람은 어디까지 자유로울 수 있는가

Q: '어리석은 행위를 할 권리'는 어디까지
  인정되는가?

Q: 당신은 기르는 개보다 자유로운가?

자유는 어디까지 인정되는가?

제6장에서 언급했지만, 사회에서의 개인의 자유를 최대한 존중하는 사상은 밀이 주창한 위해원리일 것이다. "사람은 타자에게 위해를 가하지 않는 한 자기 판단으로 무슨 일을 해도 좋다."고 말하고 있으니.

위해란 곧 현실적으로 타인의 신체와 재산에 구체적인 손해를 주는 것인데 그것이 아니라면 괜찮다, 바꿔 말해 타인에게 불쾌감을 주는 것 정도는 수반해도 괜찮다는 것이다.

어떤 고령 남성이 NHK를 고소했다. 최근 NHK가 방송프로그램에서 '콩셰르주(접객책임자)'니 '콜라보'니 '펀드'니 등등 외래어를 함부로 다용(多用)하는 바람에 시청하다가 정신적 고통을 받고 있다며 위자료로 141만 엔을 청구했다. 이러한 소송은 위해원리의 자유관에서 보자면 도저히 인정할 수 없다. NHK가 남성의 심신에 객관적으로 알아볼 수 있는 구체적 손해를 준 게 아니라 다만 이 남성 개인이 불쾌하게 느끼고 있을 뿐이기 때문이다. 말할 필요도 없이 이 남성의 소송은 기각되었다. 참고로, 이 남성은 '일본어를 소중히 하는 모임'의 운영자였다.

자신의 목숨을 잃을지 모르는 일이라도 할 수 있다

오늘날 일본에서도 영역에 따라서는 개인의 자유가 이 위해원리에 상당히 가까운 형태로 인정되고 있다.

어떤 종교에는 타인의 혈액을 자신의 몸 안에 절대 들여선 안된다는 규율이 있다. 그래서 그 신자는 수술을 받기 전에 무슨 일이 있어도 절대 수혈을 하지 말도록 담당의사에게 약속을 받아낸다. 그런데 예전에 어느 국립대학 병원에서 의사가 그런 신자의 수술을 하다가 실수로 혈관에 상처를 내어 그만 수혈을 하고 말았다. 수술은 성공했고 신자는 회복했지만, 자신이 수혈된 것을 알고 자신의 신앙심이 침해당했다고 하여 국가에 손해배상을 청구했다.

의사에겐 무엇보다도 인명 구조를 최우선해야 할 직업윤리가 있다. 이 점에서 해당 건 의사의 행위는 의사로서는 옳다. 그러나 한편으로, 신자는 자신의 강한 신앙심에 기초하여 비록 생명의 위험이 닥쳐오더라도 수혈을 거부한다는 자기결정을 내렸다. 신자의 자기결정은 의사의 윤리에 우월하는 것일까?

고등법원에서는 "사람이 신념에 기초하여 생명을 걸면서까지 지켜야 할 가치를 인정하며, 그 신념에 따라 행동하는 것은 그것이 타자의 권리와 공공의 이익 내지 질서를 침해하지 않는 한 위법이 되지 않"고 따라서 무수혈 수술은 공서양속(公序良俗)에 반하지 않는다고 판단한 다음, 어떠한 경우에도 "자기 생명의 상실로 이어질 것 같은 자기결정권은 인정될 수 없다는 주장은 일반적으로 지지할 수 없다. ……(사람은) 그 죽음에 이르기까지의 생활양식을 스스로 결정할 수 있다."고 판결문에 적시했다. 바로 밀의 위해원리 자유관에 입각한 형태로 신자의 수혈 거부 자유를 인정했던 것이다. 이 판결은 대법원에서도 지지, 확정되었다. 성인이라면 비록 죽음으로 이어질지 모르는 자유의 행사라도 본인이 강한 신념하에 그렇게 결정할 경우에는 타자에게 위해를 가하지 않는 한 인정될 수 있다는 것이다.

사람은 "그 죽음에 이르기까지의 생활양식을 스스로 결정할 수 있다."고 한다면. 환자 자신이 숙고한 끝에 결정한 안락사나 존엄사도 인정되어도 좋을 것 같은데……. 수혈 금지는 직접 죽음으로 연결되는 것은 아니지만, 안락사나 존엄사는 직접 생명을 끊는 것이므로 인정되지 않는다는 것일까?

우행권

타인에게 일체 위해를 주지 않고 자신만이 손해를 보고 자신만
이 심신을 망친다면, 그런 행위는 해도 상관없다. 이를 우행권(愚
行權)이라 한다. 온몸에 타투를 하고 여기저기 피어스 투성이가
되든, 젬병이면서도 도박에 뛰어들어 손해를 보든, 돈을 벌기 위
해 유흥업소 아르바이트를 하든, 타인에게 위해를 가하지 않으
면 전혀 상관이 없다는 것이다. 나는 몸에 좋지 않다는 걸 알면
서도 술을 마시지만 타인에게 위해를 주는 일이 없도록 운전면
허는 취득하지 않았다. 이게 나 같은 사람이 할 수 있는 그나마
의 사회 공헌이다.

우행권이란 위해원리에서 나오는 개인의 궁극적 자유다. 개인
이 손해 보는 행위더라도 개인의 자유 행사로서 존중하고자 하
기 때문이다. 그러나 원조인 밀은, 인간은 배우며 성장하는 생물
이니, 어떤 시기에 바보 멍청이 짓을 하며 허세를 부리다가도 성
숙하면 그 짓에 싫증을 내고 또 어리석음을 깨달아 결국엔 자
신의 의사로 그만둘 거라고 생각했던 듯하다.

사람이란 타인의 간섭에 의해서가 아니라 자신의 판단으로 이 것저것 시행착오를 하며 성장해가야 한다는 뜻이리라. 여러분에 게도 지금 와 생각하면 부끄러워 남에게 절대 알리고 싶지 않은 젊은 날의 이른바 '흑역사'가 있을 것이다. 폭주족에 끼어 폼 잡 으며 "요로시쿠(夜露死苦. 잘 부탁합니다)" 하는 등, "어째서 저런 걸 멋지다고 생각했는지" 그 시절을 떠올릴 때마다 얼굴 벌게지 는 일들 말이다. 하지만 그런 일을 거듭하는 동안 어리석은 생각 이 들고 어느덧 졸업하게 된다. 그런 것을 양식으로 삼아 현재의 우리가 있는 것이다. 청춘기를 되돌아보며 아무것도 하지 않았다 고 한탄하기보다, 어리석은 과오를 후회하면서 성장한 쪽이 낫다 는 것이다.

자기관계적 행위와 타자관계적 행위

자유로운 행위라 하더라도, 행위에는 두 가지가 있다. 자기관계 적 행위와 타자관계적 행위다.

---

* '夜露死苦(요로시쿠)'는 일본 폭주족(또는 이른바 일진들) 사이에서 한때 유행했던 말로 한자 그대로 풀이하면 '밤이슬의 죽음의 고통'이 된다. "잘 부탁합니다"란 뜻의 '宜し く(요로시쿠)'의 동음을 이용해 험악한 한자어로 표현한, 악동들 사이의 말장난이다.

자기관계적 행위란 행위자 자신에게만 직접 영향을 주는 행위를 말하고, 타자관계적 행위란 행위자뿐 아니라 타인에게도 영향을 주는 행위를 말한다. 동일한 행위라도 그 행위를 하는 상황에 따라 자기관계적 행위가 되는 경우도 있고 타자관계적 행위가 되는 경우도 있다.

예컨대 이른 아침 아무도 없는 강변 둑길을 자전거로 질주하는 행위는 설령 그곳에서 넘어졌다 해도 행위자가 다칠 뿐 타인이 말려든 것은 아니므로 자기관계적 행위가 된다. 그러나 동일하게 자전거로 질주하는 행위라도 토요일 밤 시부야 센터거리의 혼잡한 곳에서는 다른 사람을 다치게 할 수 있으므로 타자관계적 행위가 된다. 동일한 자유행위지만 자기관계적 행위라면 위해원리로 인정되고, 타자관계적 행위로서 타자에게 위해를 가할 가능성이 있으면 인정되지 않는다.

판단력 있는 성인이 남에게 속거나 협박당하지 않고 자율적이고 냉정한 숙고 끝에 투신하기로 했다고 하자. 아무도 없는 절벽에서 아무도 헤엄치고 있지 않는 바다에 뛰어내리는 행위라면 자기관계적 행위로 끝난다. 그러나 통행인이 많은 한낮에 오피스 거리의 고층빌딩 옥상에서 뛰어내렸다면 본인뿐 아니라 통행인 중에도 사상자가 나올 가능성이 크니 타자관계적 행위가 된다. 사실, 이렇게 타인을 휘말리는 투신자살이 해마다 한 건은 일어나고 있으며, 우연히 그 아래를 걷던 통행인이 사망했기 때문에 자살자가 서류상 송검된 예도 있다. 당연히 위해원리에서 보면 이 같은 행위는 개인의 자유라 할지라도 허용되지 않는다.

타자에게 위해를 주지 않는 한 자살 행위도 본인의 자유라고 할 수 있다. 하지만 그것이 완전히 자기관계적 행위라고 할 수 있는지 아닌지는 모호한 경우가 많다. 아침 러시아워 시간에 전철에 뛰어들어 자살한다면 불특정 다수의 사람들에게 심각한 폐를 끼치게 된다. 입시 당일 아침이었다면 많은 수험생들의 운명을 바꿔놓을 수도 있다.

또한 본인만이 손해를 보는 행위라 해도 그 사람의 입장이나 직업에 따라서는 많은 사람들에게 손해를 주는 경우도 있다. 천애고아에 무직인 사람이 마약을 하면 그 본인의 몸을 망가뜨리고 체포될 뿐이지만, 많은 영화와 드라마에 주연급으로 출연하고 광고도 많이 찍은 대인기배우가 마약 사용으로 체포되면 영화나 드라마의 다수 제작자와 공연자, 광고주 등에게 막대한 경제적 손해를 끼치게 된다.

즉, 위해원리에 따르면 어떠한 우행도 본인의 자유로 보아 허용된다고 하나, 그 우행이 타자관계적 행위일 경우에는 본인의 자유로 끝나지 않는 경우가 있다. 역으로 말하면, 어떤 어리석은 행위라도 완전한 자기관계적 행위이면 본인의 자유라고 당당히 말할 수 있다.

한편, 위해원리를 관철하면 피해자 없는 범죄를 처벌할 필요가 있는가 하는 의문이 나온다. 왜냐하면 밀은 "개인에 대해 혹은 공중에 대해 명확한 손해 또는 그 위험이 존재할 경우에 이르러야 비로소 문제는 자유의 영역에서 도덕이나 법률의 영역으로 넘어간다."고 서술하고 있기 때문이다. 다른 사람들에게 "명확한 손해 또는 그 위험"을 주는 행위여야 법적 규제의 대상이 된다는 것이다.

그렇다면 피해자가 없는 행위를 법률로 금지하거나 처벌할 필요는 없을까? 성인끼리의 합의에 의한 매춘이나 제5장에서 다룬 경범죄법상의 '일하지 않고 방황하는' 죄 등은 대체 누구에게 위해를 주고 있다는 것인지?

불쾌원리

역으로, 범죄로 되어 있지는 않지만, 사람들에게 타자 위해에 가까운 큰 폐를 주는 자유행위도 있다.

하나는 쓰레기집 문제다. 주택 밀집지역의 한 집 주인이 집 안과 마당, 현관까지 온갖 것을 쌓아놓고 그것이 차츰 공도(公道)

에까지 흘러넘친다. 부엌쓰레기까지 있어 악취가 자욱하고 파리와 쥐들이 들끓으니 주변 주민들은 창을 열 수조차 없다. 도로 통행에 방해가 되고 화재의 위험도 있다. 주변 주민과 시청 직원 등이 "쓰레기를 처분하고 깨끗이 해주세요."라고 호소해도 쓰레기집 주인은 "쓰레기가 아니라 재산이다." "일시적으로 두고 있을 것뿐이다."고 주장하며 저항한다. 물론 재산이라면 본인의 의사를 무시하고 일방적으로 처분할 수 없다. 다만, 2018년부터 일부 구와 시에서 조례가 시행되어, 인근에 대한 폐해가 있고 또 계고에 따르지 않을 경우에는 행정대집행을 할 수 있게 되어 있기는 하지만.

쓰레기집 주인의 행위를 밀의 위해원리로 보아 법적 규제의 대상으로 할 수 있는가 아닌가는 미묘하다. 불쾌감은 어디까지 가야 위해가 되는지 알 수 없는 까닭이다. 실은, 위해원리를 보완하는 생각으로서 '불쾌원리'라는 것이 주창되어 있다(조엘 파인버그). "해당 행위자 이외의 사람들에 대한 심각한 불쾌를 방지할 목적을 위해 필요하고도 효과적인 방식이 '형벌에 의한 금지'라면 그 금지의 제안은 지지된다."고 하여 '심각한 불쾌'를 주는 행위도 형벌로써 법적 금지를 할 수 있다고 시사하고 있다.

---

* Joel Feinberg(1926-2004). 미국의 법철학자.

이 경우의 '심각한 불쾌'를 어떻게 이해해야 할까? 먼저 '불쾌'라는 개념을 둘로 나누어, 일반적 불쾌와 특수규범적 불쾌로 구별한다. 일반적 불쾌란 부정하다고까지는 말할 수 없는 행위로인해 일어나는, 왠지 싫다, 창피하다, 메슥메슥하다와 같은 개인차가 있는 기분이다. 벌거벗은 채 샅 앞을 쟁반으로 가리고 그걸빙빙 돌리는 남성 예능인*이 있다. 그의 예능을 보고 재미있다고생각하는 사람도 있지만, 싫다, 창피하다고 생각하는 사람도 있을 것이다. 이 정도까지의 불쾌다. 이런 불쾌 때문에 그 예능인을처벌할 수는 없다.

그에 반해 특수규범적 불쾌는 타자의 '부정한 행위'로 인해 일어나는 불쾌이자, 더욱이 '심각한 불쾌'다. 쓰레기를 버리지 않고 쌓아두는 행위 자체는 '부정'으로 간주할 수 없지만, 인근 사람들에게 악취와 비위생 등 '심각한 불쾌'를 주고 있는 것은 확실하기에 쓰레기집 주인에게는 이 불쾌원리가 적용될 가능성이있다.

또 하나, 부정이라고까지 말할 순 없지만 사람들에게 심각한불쾌를 주는 자유행위가 있다. 길비둘기들에게 먹이를 주는 행

---

* 아키라 햐쿠파센토(アキラ100%). 일본의 개그맨이자 배우. 본명은 오하시 아키라(배우일 때는 본명을 쓴다). 과거에도 벗고 나오는 개그맨이 없지 않았으나 최소한 팬티는 걸치고 있었고, 완전 전라인 채로 나온 경우는 그가 처음이라고 한다.

위다. 언뜻 동물 애호로 보이고 본인도 그렇게 생각하겠지만, 똥의 폐해로 주변 주민은 분개하고 있다. 비둘기 똥은 인간에게 유해하므로 이런 행위도 도를 넘으면 불쾌원리에 들어맞을지도 모른다.

성기를 먹는 세기의 이벤트

관계자 전원이 자유로이 행동하고 또 아무도 피해를 입지 않는 케이스로 이런 사례가 있다. 무대는 2012년 도쿄다.

20대 예술가 남성이 "예술가에게 성별은 관계없다."고 생각하여 자신의 성기를 절제하는 수술을 받았다. 성기는 깔끔히 청결하게 보존되었다. 그런데 예상 이상으로 수술비가 많이 들었기 때문에 그는 자금 회수도 할 겸 이벤트 개최를 기획했다. 자신의 성기를 조리하여 희망하는 손님에게 먹게 한다는 이벤트였다. 손님은 인터넷을 통해 모집하고, 그중 입장료에다 2만 엔을 더 지불한 5명의 특별손님에게 조리한 성기의 시식권을 주었다.

이벤트 당일. 라이브하우스(음식점 영업허가를 받은)를 빌려 '성기를 먹는 세기의 이벤트'라는 타이틀을 달고 예술가는 자신의 성기를 가지고 들어왔다. 70명 정도의 손님이 지켜보는 가운데,

무대 위에 가스 조리대가 설치되고 프로 요리사가 성기를 와인 소스에 담그고 구워서 특별손님에게 제공했다. 실제로 먹은 손님들 중에서 건강 피해는 나오지 않았다.

그러면, 이 같은 이벤트는 어디에 문제가 있는 걸까? 예술가도 요리사도 먹는 사람도 그것을 보는 사람도 모두 자유의사로 한 것이고, 아무도 손해를 보지 않고 피해도 없다. 형법적으로 '외설물 반포죄·진열죄'에 저촉할 가능성이 있다고 지적하지만, 이번 일의 경우 조각으로 나누어 조리된 상태로 제공했고, 인터넷으로 모집한 희망자에게만 보여주었기 때문에 보고 싶지 않은 사람은 보지 않아도 되었으므로 하등 문제가 없지 않은가 하는 생각이 드는데. 여러분은 어떻게 생각하십니까?

"나에게 먹히고 싶은 사람 모집" — 성인끼리의 합의에 의한 식인

관계자 전원이 자유로이 행동하고 또 당사자 모두 자신의 바람을 들어준 극한의 케이스가 있다.

컴퓨터 기술자 A는 인터넷에 "살해당해 먹히고 싶은 사람을 모집한다. 단, '그 경험'을 체험하게 하는 데 대해, 금전적 보수는 일체 지불하지 않는다."는 광고를 냈다. 그것을 본 소프트웨어

기술자 B는 자신의 의사로 응모하여 A의 집에 갔다. B는 A의 제안을 듣고 차분히 검토한 후 결국 그 이야기에 합의했다. A는 그 즉시 B를 죽여 사체를 조각내 비닐봉지에 넣어 냉동고에 보존했다. 체포되었을 때 A는 B의 살을 조리하여 이미 20kg 가까이 먹어치운 상태였다.

일본에서도 그렇지만 독일에도 식인을 처벌하는 법률은 없다. 재판도 곤란하기가 그지없다. 여하간에 희생자(?)는 스스로 희망하여 살해당하고 먹혔기 때문이다. 위탁살인일까? 결국 재판은 살인죄가 되었는데, 그 후 재심에서 A에게 종신형이 선고되었다.

종교적인 터부나 인간으로서의 모럴이나 공서양속과 같은 속박을 벗어버리고 생각해보자. 두 사람 모두 자신이 소유하는 신체와 목숨을 자신이 바라는 대로 사용했을 뿐이며, 그 외의 사람들에게 일체의 위해도 손해도 주지 않았다. 더욱이 B는 자신을 죽여 먹어달라는 진지한 바람을 들어준 것이니, 뭐가 문제란 말인가? B의 자유의 행사는 극한의 우행권 행사지만, 우행권은 앞에서 쓴 것처럼 뒷날 반성하여 스스로를 성장시키기 위한 자유이기도 하다고 파악하면, B는 저세상으로 갔으니 "살해돼 먹히는 보았지만 그렇게 좋은 경험은 아니었어. 아아, 다시 한 번 인생을 새로 시작하고 싶어." 하고 엄청 후회했다고 해도 새로 시작할 생명을 두 번 다시 돌릴 수 없다는 것이 문제가 되는 걸까?

참고로, A는 그 후 옥중에서 베지테리언(채식주의자)이 되었다고 한다.

당신은 정말로 자유롭습니까?

그런데 이런 식으로 개인은 어디까지 자유로울 수 있는지 파고 들어가다 보면, 역으로 새로운 의문이 나온다. 한 사람 한 사람의 인간은 진정한 의미에서 자기결정을 하고 있는가, 혹은 할 수 있는가, 라는 의문이다. 지금(2020년 초) 거리에 나가보면, 젊은 아가씨들이 하나같이 '타피오카 밀크티(버블티)'인가 뭔가 하는, 개구리 알 같은 것이 가라앉아 있는 음료를 한쪽 손에 들고 걸어가는 모습을 볼 수 있다. 그런데 그 아가씨들은 정말로 마시고 싶어서 마시는 걸까? 또, 고교생 대부분은 '자신의 의사'로 대학에 진학하는데, 그것은 정말 가고 싶어서 가는 걸까? 모두 적령기가 되면 결혼을 조급히 서두르는데, 정말로 결혼하고 싶어서 그런 걸까?

자신은 자신의 일에 대해 자유롭게 결정하고 있다고 생각해도, 그것은 착각일지도 모른다. 뭔가에 부추김 당하고 있든가, 조작되고 있든가, 혹은 그렇게 결정하도록 은밀하게 유도되고 있을 뿐인지도 모른다. 자유를 가장 존중하는 리버터리아니즘 중에서조차 개인의 자기결정이 유도되는 특징을 간파하고, 그것을 이용하는 재미있는 논의가 있다. 리버터리언 패터널리즘(Libertarian Paternalism)이라는 학파의 논의다.

뭐든지 개인의 자유로운 결정에 맡기는 것은, 때로 돌이킬 수 없는 우행을 저지르게 하는 경우도 있듯이, 반드시 당사자의 이익으로는 되지 않는다. 도박꾼이 파산하는 것처럼. 리버터리아니즘이나 위해원리는 결과가 나빠도 본인의 결정이라면 그걸로 된다고 말하지만, 개인에게 자유로운 선택을 하게 하면서 당사자의 이익을 보호할 수 있게 하자는, 좀 오지랖 넓은 참견의 주장이 리버터리언 패터널리즘이다.

한 예를 들어보자. 카운터 위에 다양한 요리를 진열해놓고 손님이 줄을 지어 순서대로 좋아하는 요리를 트레이에 담아 정산하는 양식의 카페테리어가 있다. 그곳에서 손님은 자신이 좋아하는 요리를 선택하는 것이지만, 행동심리학에 의하면 요리의 순번이 손님의 선택에 중요한 영향을 미쳐 맨 앞쪽에 진열된 요리가 더 자주 선택되는 경향이 있다고 한다. 그래서 가게 측은 손님이 선택하길 바라는 요리를 티 나지 않게 카운터 앞쪽에

둔다. 가령 손님의 건강을 생각하여 야채를 가능한 한 먹어주기를 바라면 야채 요리를 맨 앞쪽에 놓고, 손님은 무심히 그것들을 집어 들고 앞으로 가다가 막상 취소하고 싶은 생각이 들어도 다시 줄의 맨 뒤로 돌아가기도 귀찮아 그냥 정산하고 야채를 먹는다. 결과적으로 손님은 가게 측의 의도대로 선택하고 있는 셈이다.

생각해보면, 개인의 자유선택이나 자기결정이란 것은 그리 순수하지 않고, 상황이나 환경에 따라 좌우되는 경우가 꽤 많다. 사람은 편의점이나 슈퍼에서 상품을 고를 때, 가장 눈에 띄고 손에 닿기 쉬운 높이(골든 라인)에 진열된 것이나 몇 종류가 있을 때는 중앙 또는 오른쪽에 배치돼 있는 것을 저도 모르게 고른다고 한다. 중앙의 시인율(視認率)이 높고, 또 오른손잡이가 많기 때문이다.

쇼핑보다 더 중대한 결단에서도 상황에 영향을 받는 경우가 있다. 예전에 〈세계의 중심에서 사랑을 외치다〉라는 영화와 드라마에 감동하여 많은 젊은이들이 골수기증자 등록을 한 일이 있었다.

---

* 『世界の中心で, 愛をさけぶ』는 가타야마 교이치(片山恭一)가 쓴 청춘연애소설로, 2001년 간행되었다. 이후 영화와 드라마로도 제작되었다.

그러나 사람의 자유는 그처럼 눈앞의 사정에 따라 좌우되는 것만은 아니다.

훈련되고 조련된 자유

"나는 자유다! 어떤 것에도 얽매이지 않는다!"고 생각하는 현대인은, 사실 내면에서부터 자발적으로 사회에 적합하도록 만들어져 있다. 이를 간파한 사람은 미셸 푸코(Michel Foucault: 1926-1984)라는 프랑스의 위대한 철학자다. 그에 따르면, 현대인은 유소년기부터 학교라는 제도, 그리고 성인이 되면 회사라는 조직 속에서 '규율·훈련'되며, 그 결과 신체와 정신 내부에서부터 조직, 나아가 사회에 저절로 적합한 주체로 형성된다고 한다. 잠시 그의 논의를 들어보자(『감시와 처벌: 감옥의 탄생』).

학교와 회사라는 조직의 원점은 근대의 군대에 있다. 군대에서는 매일의 훈련을 통해 일개 농민을 명령에 따라 척척 움직일 수 있도록 적절한 신체로 개조하고 순종적인 병사로 길러낸다. 집단으로 구획 지어, 정해진 시간에 기상하며 모포를 깔끔하게

---

* *Surveiller et punir. La naissance de la prison.*

개키고 야간 점호 때까지 눕기는커녕 걸터앉을 수도 없으며 상관의 허가가 없는 한 상의를 벗을 수조차 없다. 그러한 세세한 룰에 군말 없이 따름으로써 몸으로부터 순종하는, 곧 '우수한' 병사로 조련된다. 이 같은 규율·훈련제도가 사회의 다양한 조직, 즉 학교와 회사, 공장, 병원 등에 응용되고 있다.

학교라는 제도 자체가 군대와 다를 바 없다. 학년 그리고 학급으로 나누어 세부 시간표에 따르게 하고, "앞머리는 이마에 닿지 않도록" 따위의 의미 모를 교칙을 무조건 지키게 한다. 학생들은 시험에서 고득점을 얻어야 한다. 교사가 가르치는 내용을 '진리'로 습득하여 다른 학생보다 우위에 서려고 하며, 그렇게 사회인의 알[卵]이 키워지게 된다. 그러고 보면, 운동회는 군대의 훈련에서 유래한다. 지금 시대에 "앞으로 나란히"를 하는 게 무슨 의미가 있을까?

게다가 몸뿐 아니라 마음까지도 조직과 사회에 적합하도록 만들어진다. 그것은 파놉티콘이라는, 본래 벤담이 고안한 일망(一望) 감시의 감옥 설계에서 비롯한다. 즉, "자신은 언제나 감시받고 있다."고 생각하게 함으로써 각인의 마음속에 감시자가 생겨 그것이 그 사람을 자제시키고 저절로 조직에 복종하도록 만드는 구조다. '내신서' 같은 것이 바로 그 전형일 것이다. "내신서에 나쁘게 적히면 진학할 수 없다."고 지레 조심하며 교내에서 좋은 아이로 있으려는 학생도 많지 않을까?

이러한 학교 교육을 거쳐 학교를 나오면 또 똑같은 회사라는 조직에 들어가 거기서도 적합한 '좋은' 사원이 되어 자본주의 사회의 우수한 톱니바퀴가 된다. 그런 게 현대 사회의 바람직한 인간상이라면, 그 같은 인간은 무의미한 일에 의문을 품지 않고 몸도 마음도 복종에 익숙해져 사실 자유도 뭣도 아닌 셈이 된다. 왜 모두 일제히 같은 시각에 회사에 모여야 하는데? 왜 40도 가까운 작열의 여름철에도 슈트를 입고 구두를 신어야 하는데? 왜 자기 일을 끝마쳤는데도 퇴근하면 안 되는데? 그런 걸 의문시하지 않는 사람의 자유는 자신의 조직과 사회에 적합한 한에서의 자유일 뿐이다. 그런 의미에서는 집에서 기르는 개와 다를 게 없다.

인간은 가축화되어 있다

그러나 "기르는 개에게 손을 물린다."는 관용구도 있는 것처럼, 훈련된 개일지라도 주인을 리더로 보지 않으면 달려들어 무는 경우가 있다. 그런데 인간은 어떨까? 요사이 더 문제가 되고 있는 것이 인간의 가축화다. 규율·훈련된 사람이라도 자신이 복종해온 룰과 법률에 "이게 무슨 의미가 있는가!" 의문을 가질 가능성은 있다. 그러나 가축화되면 겁나는 일에 대해 "생각하기를 그만두"게 되어버린다.

모 햄버거샵의 의자는 딱딱해서 앉아 있기가 힘들다. 왜인가? 그것은 단 한 잔의 드링크만 시켜놓고 줄창 재잘거리는 사람들을 앉아 있기 어렵게 만들기 위해서다. 패스트푸드 가게는 회전율이 중요하니 손님이 후딱 먹고 사뿐히 나가주길 바란다. 헌데 그런 가게의 사정은 알 바 아니라는 듯 손님은 되도록 저렴한 비용으로 장시간 앉아 수다를 떨려고 한다. 보아하니 말로는 들을 것 같지 않고, 그렇다면 몸으로 확실히 알아듣게 할 수밖에 없다. 그런 이유로, 장시간 앉아 있으면 궁둥이가 아프도록 딱딱한 의자로 한 것이다.

이런 것을 환경관리 또는 아키텍처(Architecture)라 한다. 사람에게 어떤 행동을 시키기 위해 명령이나 강제가 아니라 설계에 의해 직접 신체에 작용하여 "이제 이렇게 할 수밖에 없다."고 생각하게 만드는 것이다. 명령이나 강제라면 아직 수신자 측이 생각하기에 따라 저항할 수 있지만, 신체를 지배당하면 이미 어찌할 수가 없게 된다.

'배제 아트(art)'라는 것도 그 한 예다. 노숙자가 통로 등에 누워 있을 수 없도록 행정당국이 예술가에 의뢰하여 "악의가 있는 것처럼 보이지 않는" 방식으로 묘한 오브제나 앉을 수 없는 의

자를 설치한다. 노숙자뿐 아니라 지친 사람이 잠깐 쉬어 갈 수조차 없다. 도쿄와 가나가와에서 근년에 늘어나고 있다.

"그런 환경관리 따위의 술책을 쓰다니!" 이렇게 생각하는 분들도 많으실 것이다. 그러나 환경관리는 현재 더 알아챌 수 없는 형태로 우리에게 다가오고 있다. 기력이 있으면 뭐든 할 수 있다, 스마트폰이 있으면 뭐든 할 수 있다고 자신만만한 당신, 그렇다, 바로 당신이다! 스마트폰이 있으면 뭐든 할 수 있다는 것은 스마트폰이 없으면 아무것도 할 수 없다는 것이다. 스마트폰에 의지하고 있는 당신, 친족 친구의 연락처를 기억하고 있습니까? 모르는 것이 있으면 웹 검색만 하면 된다며 책도 신문도 안 보고 있지 않습니까? 키를 눌러 메시지를 보내는 데 익숙해져 간단한 한자도 쓰지 못하게 된 건 아닙니까? 길을 걷다 보면 줄곧 스마트폰만 쳐다보며 걷는 사람들을 자주 보게 되는데, 스마트폰을 안 보면 곧 죽어버릴 병에라도 걸린 겁니까!

스마트폰은 확실히 편리하다. 너무나 편리해서 인간의 능력을 싹 빼앗아가버린다. 우리는 스마트폰에 길들여졌다고 해도 지나치지 않다. 그러나 일단 블랙아웃*되면 스마트폰은 장방형의 판

---

* 대규모 정전 상태를 이르는 말. 즉 여기서는 스마트폰의 기능이 기지국 마비 등의 이유로 완전히 정지된 상태를 말함.

때기로 전락하고 현대인은 크로마뇽인보다 무력해질 것이다.

그리고 PC. 현대에는 문과계 인간도 컴퓨터를 사용할 수밖에 없게 되었다. 어느샌가 기본적인 연락이나 원고 등을 보낼 경우에는 이메일이 표준화되어버렸기 때문이다. 아무리 싫더라도 컴퓨터를 쓰지 못하면 원시인 취급을 당하게 되었다. 그래서 은퇴한 고령자에 대해서도 "PC 정도는 쓰셔야죠."식의 압력을 가하는 광고가 나오는 형편이다.

이런 식으로, 다짜고짜 사람의 신체에 작용하여 특정한 행동으로 유도하고 "뭐야?" "다른 방식도 있지 않아?" 하고 생각할 기력을 빼앗아버리는 장치가 환경관리다. 행정당국이나 대기업이 대중에게 뭔가를 하게 만들고 싶은데 그것을 사람들에게 설득해봐야 양해하지 않을 것 같은 경우, 강제로 이리저리하도록 '선택의 여지가 없게' 만들어 사람들의 행동을 유도하는 수단으로 다용하게 되었다. 갑작스레 신기한 변화가가 설계되거나 신제도를 억지로 밀어붙이는 것에 대해 의문을 품지 않고 "앞으로는 이렇게 안 하면 안 되겠구나." 하고 한숨을 내쉬며 복종하게 되었다면 정신 똑바로 차려야 한다. 그리되면 이미 사람들은 훈련할 시간도 갖지 못한 가축이 될 것이다. 마치 목양견의 짖는 소리에 쫓겨 고원에서 축사로 돌아가는 양떼처럼.

그리고 환경관리가 전면적으로 사람들의 행동을 유도하게 되면 법률이나 도덕과 같은 행위규범은 필요 없어질 가능성도 있다. 어쨌거나 범죄를 범하지 않도록 작용하면 되는 거니까.

사람에게 자유의사 같은 것은 없다?

본디 사람에게 자유의사 따위는 없다고 보는 논의도 있다. 벤자민 리벳(Benjamin Libet: 1916-2007)의 『마인드 타임: 의식에서의 시간적 요소*Mind Time: The Temporal Factor in Consciousness*』에 의하면, 자유의사라는 것은 우리의 현재(懸在)의식의 착각이며 우리의 행동을 관리하고 결정하는 것은 잠재의식이라고 한다. 사람이 의식적으로 뭔가 하려는 의사를 발동할 때 사실은 그 0.3~0.5초 전에 이미 잠재의식이 뇌와 몸에 명령을 내리고 있다는 것이다.

인도를 걷고 있는데 유아가 갑자기 교통량이 많은 차도로 뛰어들려고 하자 황망히 껴안아 멈추었다는 행동의 경우, 일반적인 설명이라면 "유아가 차도로 뛰어들려 한 것을 목격했다."→"그래서 자신의 의식이 '구해라'라는 명령을 내렸다."→"따라서 자신의 몸이 유아를 껴안았다."고 말할 것이다. 하지만 리벳의 설명에 따르면, 현재의식이 명령을 내리기 0.5초 전에 잠재의식이 뇌와 신체에 그런 명령을 내렸기 때문에 그랬던 것이 된다. 사람의 행동은 잠재의식이 명령한 것이라면, 현재의식은 그 마무리로서 언어로 시계열과 인과관계로 설명하는 것밖에 될 수 없다. 그렇다면 인간의 행동을 컨트롤하려면 법률과 같은 제재가 딸린 규범으로 사람의 현재의식에 어필하기보다도 잠재의식에 직접 작용하는 게 효율적이지 않을까 하는 사고가 나와도 이상하지 않다.

그래서 이 논의를 과장하면 이런 공상도 가능하다. 애니메이션 〈사이코패스〉*의 세계다. 사람은 자신의 인생을 자유의사로 정하고 그것에 책임을 지는 것에 지쳐버렸다. 그래서 가까운 미래 세계의 사람들은 자신의 인생을 시빌레시스템**이란 것이 대신 선택해주게 했다. 이 시스템은 사람의 잠재적인 재능과 기질을 간파하여 그 사람이 앞으로 가장 행복해질 수 있는 직업과 삶의 방식을 알려준다. 사람은 이 시스템이 정한 장래를 의심하지 않고 그대로 살아가면 된다.

그런데 이 시스템에는 또 하나, 사람의 잠재적인 범죄성을 '범죄계수'로 나타내는 기능도 있다. 언뜻 보아 선량한 인물이라도

---

* 〈PSYCHO—PASS サイコパス〉는 일본 후지텔레비전에서 2012년부터 중간에 사이를 두고 방영된 애니메이션으로, 극장판 외에 동명의 만화, 소설 등도 간행되었다.

** SIBYL.System. 시빌레는 그리스신화에 나오는 무녀(巫女)다. 시빌(Sibyl) 또는 시빌라(Sibylla)라고도 한다. 시빌레시스템은 〈사이코패스〉에 등장하는 포괄적 생애복지지원 시스템이다.

시스템을 통해 범죄계수치가 높으면 그 사람은 아무것도 하지 않아도 '잠재범'으로 간주되어 체포된다. 이로써 아무것도 하지 않은 많은 '잠재범'이 시설에 갇힌다. 덕분에 범죄의 발생을 예방할 수 있고, 따라서 범죄를 다루기 위한 법률도 재판도 필요 없어졌다.

그리고 이러한 시대가 길게 이어지자 사람들은 범죄라는 개념조차 모르게 되어버렸다. 그래서 어느 날 길거리에서 체포를 면한 한 남자가 여성을 폭행하고 있는 모습을 본 많은 통행인은 누구 하나 여성을 돕지 않고 기묘한 퍼포먼스인가 생각하며 동영상 촬영을 할 뿐이었다.⋯⋯

아키텍처, 그리고 사람의 잠재의식에 작용하는 기술이 진보하면 사람의 행동은 어느 누군가의 생각대로 유도되기 때문에 자유의사는 무력해지고 따라서 법률이나 도덕과 같은 규범도 불필요해질 것이다. 문제는 어떻게 유도되는가다. 범죄와 전쟁이 일어나지 않는 평화 상태를 유지하는 방향으로 유도되는가, 아니면 타국이나 타 지역에 대해 죽음을 두려워하지 않고 침략전쟁을 일으키는 방향으로 유도되는가.

그러나 비록 전자와 같은 평화롭고 행복한 사회에서도 인간이 어떤 일에도 전혀 의문을 갖지 않고 분노도 느끼지 않는, 그래서 저항도 반역도 하지 않는 가축이 되어버린다면 어떨까? 명

애니메이션 〈진격의 거인〉의 오프닝곡 중에 "가축의 안녕"이라는 가사가 나오는데, 안녕을 얻는 대가로, 책임의 고역을 수반하는 자유를 희생하는 일은 절대로 있어선 안 된다고 나는 생각한다. 인간에게는 위화감을 품고, 의심하고, 반항하는 능력이 있다. 그것을 상기시켜주는 것이 법철학이다.

기르는 개도 주인을 물고, 자연의 욕구에 따라 전봇대에 오줌을 누고, 길가에 똥을 싼다. 그와 반대로, 당신은 자신이 기르는 개보다 자유롭다고 말할 수 있습니까?

상식이라는 연못의 물, 전부 퍼내버려라!

〈연못 물 전부 퍼내기 대작전〉[*]이라는 프로그램이 있다. 그 방송을 보면서 문득 생각난 게 있었다. 연못 물을 퍼내는 것과 법철학은 상통하는 점이 있지 않은가, 하는.

연못 물은 괴어 있는 데다 탁하다. 때로는 악취를 풍긴다. 그런데도 사람들은 "연못이란 게 다 그런 거지." 또는 "옛날부터 저 연못은 신성한 곳이었으니까 그대로 두어야 한다."면서 손대지 않고 그냥 놔두었다. 그리고 사람들은 그곳에 대해 자기에게 유리한 환상을 품어왔다. 연못 주인 또는 신이 계신다든가, 금도

---

[*] 〈긴급SOS! 연못 물 전부 퍼내기 대작전(緊急SOS!池の水ぜんぶ抜く大作戦)〉은 TV도쿄 계열에서 2017년부터 방송된 〈일요 빅버라이어티〉 내의 비정기 코너다. 도큐먼트 버라이어티 프로그램으로, 손대지 않고 방치해둔 연못의 물을 퍼내 깨끗이 하는 한편 그곳에 어떤 생물이 살고 있는지 검증한다는 콘셉트.

끼와 은도끼를 가져다줄 수신(水神)이 계신다든가…….

그러나 연못 물을 퍼낸 다음 나온 것은 비정상적으로 번식한 외래종이나 원래는 애완동물이었을 생물, 투기된 쓰레기 등, 인간이 내다버린 것뿐이다. 그래서 인간의 소행을 알게 된다. 괴어 있는 연못 물에 인간은 얼마나 자신의 욕심을 던져 넣어왔던가.

사람들이 아무 생각 없이 의존하며, 그 안에 자신들의 욕망, 악의, 업(業)을 던져 넣어왔던 것, 그것이 바로 상식이다. 상식이라는 웅덩이는 긴 역사 속에서 사람들이 투기해온 '자기에게 불리한 것'의 축적에 의해 탁해지고 더러워지고 악취를 풍기고 있다. 그러나 사람들은 그 안이 어떻게 되어 있는지 보려 하지 않고, "다 그런 거지 뭐." 하며 손을 대지 않은 채로 두었다.

법철학은 그 상식이라는 웅덩이를 전부 퍼내고 그곳에 인간사회의 음지 부분을 찾아낸다. 상식 위에서 전개되는 법철학은 말하자면 인간사회의 양지 부분밖에 비추지 않는다. 그러나 '깨끗한 것'은 '더러운 것'에 의해 지탱되고 있다. 이성적인 인간이 합리적인 계약에 의해 국가사회를 만들고 합리적인 법을 만들어 행복하게 살았답니다, 하는 옛날이야기의 뒷무대, 언터처블한 음지의 세계를 직시하고 갇히지 않은 두뇌로 생각하는 것, 그것이 법철학의 진면목이라고 나는 생각한다.

연못 물은 일단 퍼내도 시간이 지나면 다시 괸다. 상식도 마찬가지. 일단 부췄다 해도 방심하면 다시 새로운 상식이라는 웅덩이가 발생한다. 따라서 법철학은 골문(goal)이 없다. 늘 게으름 없이 물을 퍼내야 한다. 늘 "이래서 되는가?"하고 물어야 한다. 그것이 법철학자의 본성이다.

이 책을 쓰면서 고단샤(講談社)의 고바야시 마사히로(小林雅宏) 씨에게 여러 도움을 받았다. 고바야시 씨의 격려와 유익한 어드바이스 덕분에 이 책을 즐겁게 쓸 수 있었다. 깊이 감사드린다.

그리고 또 하나, 이런 나를 낳아주시고, 자유롭게 길러주시고, 지금은 따스하게 지켜봐주시는, 진심으로 사랑하는 부모님께 이 책을 바치고 싶다.

스미요시 마사미(住吉雅美)